| 来 | 华 | 短 | 期 | 汉 | 语 | 进 | 修 | 教 | 材 |

速通汉语

Expressway to Chinese

许金生 胡文华 吴中伟 主编
许金生 许 静 编著

初级

4

北京语言大学出版社
BEIJING LANGUAGE AND CULTURE
UNIVERSITY PRESS

图书在版编目（CIP）数据

速通汉语．4 / 许金生，胡文华，吴中伟主编 ；许金生，许静编著．-- 北京：北京语言大学出版社，2019.8

ISBN 978-7-5619-5473-7

Ⅰ.①速… Ⅱ.①许… ②胡… ③吴… ④许… Ⅲ.①汉语－对外汉语教学－教材 Ⅳ.① H195.4

中国版本图书馆 CIP 数据核字（2019）第 134842 号

速通汉语 4

SUTONG HANYU 4

排版制作：北京创艺涵文化发展有限公司
责任编辑：黄　英　尹晗羽　　英文翻译：许　静
英文编辑：孙玉婷　　插图绘制：李慧麟
责任印制：周　燚

出版发行：北京语言大学出版社
社　　址：北京市海淀区学院路 15 号，100083
网　　址：www.blcup.com
电子信箱：service@blcup.com
电　　话：编辑部　8610-82303647/3592/3395
国内发行　8610-82303650/3591/3648
海外发行　8610-82303365/3080/3668
北语书店　8610-82303653
网购咨询　8610-82303908
印　　刷：天津嘉恒印务有限公司

版　　次：2019 年 8 月第 1 版　　印　　次：2019 年 8 月第 1 次印刷
开　　本：880 毫米 × 1230 毫米　1/16　　印　　张：8.5
字　　数：150 千字　　定　　价：48.00 元

编写说明

汉语进修教学，可分为强化型和普及型两种，本教材为普及型汉语进修教材。本教材主要面向来华短期进修教学项目，也适用于国内外其他各类普及型汉语进修教学项目。教材的初、中、高三级既相互衔接，又具有一定的独立性，可根据需要单独使用；学习者可从头学起，也可以从其中某一册学起。

普及型短期进修教学的主要特点是：教学周期相对较短，学习者课外学习时间有限，学习者的学习动机和学习需求差异较大。本教材遵循汉语作为第二语言教学的教材编写基本原则以及汉语教材编写的发展趋势，针对普及型短期进修教学的上述特点，在编写中着力体现以下特点：

1. 以任务为载体，兼顾结构、功能、文化。

结构、功能、文化相结合，是汉语作为第二语言教学应遵循的基本原则。结构、功能、文化相结合的载体，就是任务，即交际活动。本教材按照从输入型任务到输出型任务的顺序，通过任务活动促进语言的输入和输出，完成相应的教学目标。

在语言点的安排上，本教材尽量照顾到语法结构教学的系统性。在语境设计上，注意贴近学习者生活，突出实用性。在内容主题的选择上，密切反映中国当代社会特点，体现时代气息。在文化因素的处理上，兼顾世界文化的共通性和中国传统文化的独特性。

2. 听说为主，精泛结合。

总的来说，本教材属于综合教材，以发展学习者的汉语综合运用能力为目标。但考虑到短期进修教学的特点，在技能培养上以听说为主，兼顾读写。初级阶段 1 ～ 4 册的所有教学内容，均为汉字和拼音对照形式，以适应部分学习者技能发展不平衡的情况，以及不同学习者对技能发展的不同需求。使用者可根据实际情况对读写技能培养确定相应的教学目标。

在中高级阶段，本教材在设计上体现精泛结合的理念，特别是高级阶段，对于聆听和阅读任务中的词语和结构，不要求全部掌握，为学习者的自主学习留出足够空间；同时，在完成理解性和表达性任务过程中，注意学习策略的培养。

3. 注重课堂教学的操作性。

教材编写的过程化，是教材编写的发展趋势。所谓过程化，就是通过练习和活动设计逐步推进教学目标的实现，使教材的内部结构与实际课堂教学的过程基本一致，这样有助于更好地实现教材的设计理念和设计目标，也减轻了教师在教学设计上的压力。当然，学习者的特点千差万别，有经验的教师完全可以根据具体情况对教材中的设计安排进行灵活调整。

4. 在难度和容量上保持足够的适用空间。

短期进修教学，教学周期相对较短，或为 1 ～ 2 周，或为 1 ～ 2 个月；另外，中国国内各大学的短期班一般是每天 3 ～ 4 课时完成 1 课的教学任务。因此，我们把每册容量定为 10 课。如果每天 1 课，每周 5 天，则每册可供 2 周学完。每课主要内容的设计课时为 3 课时，但每课均配有“延伸活动（或拓展练习）”，可供第 4 课时使用。这样的设计，便于不同教学周期、不同课时量的教学项目灵活选用。

另外，本教材虽然跨越初、中、高三个等级，但限于容量，不可能出齐各级全部词汇和语言点，为了保证与各册总体难度等级相适应，初级阶段该出而未出的部分词语和个别语言点，在中级阶段不再作为生词和新的语言点处理，高级阶段则根据精泛结合的原则，仅对本阶段重点词语、重点格式进行处理。

本教材共 12 册。难度上与 HSK 等级的大致对应关系为（容量上不完全覆盖各级内容）：

本教材	初级	中级	高级
	1 ～ 4 册	1 ～ 4 册	1 ～ 4 册
HSK 相应水平	1 ～ 3 级	4 级	5 级

教材由三位主编合作主持编写工作，具体分工如下：

许金生，负责初级 1 ～ 4 册；

胡文华，负责中级 1 ～ 4 册；

吴中伟，负责高级 1 ～ 4 册。

本教材出版前已在复旦大学国际文化交流学院暑期班试用，并根据试用反馈进行了修改，但肯定还存在许多疏漏、不足之处，敬请各位同行、老师批评指正！

编者

2019 年 3 月

本册使用说明

本书为《速通汉语》第四册，与本系列教材的第三册相衔接，学习者应该已经掌握六百个左右的汉语词汇，具备了基本的汉语语法知识。

本册教材共 10 课，若每天 3 ～ 4 课时，可在 2 周内完成。以下具体说明教材内容及使用建议。

总体安排

本册适用于初级阶段综合课教学，重点培养学生的听说技能和口头交际能力，兼顾读写技能。

编写理念主要体现为以任务和活动为载体，重视交际互动，通过由易到难的活动设计不断推进教学目标的实现。教学活动的编排按照从输入型任务到输出型任务的顺序，每一课语言点教学都设有后续跟进的交际练习活动，旨在通过一系列由控制性交际活动、半控制性交际活动，到自由输出性交际活动的设计，逐步推进教学目标的实现，以使学生全方位、多角度充分熟悉当课语言点及常见的使用搭配，并在不断的交际互动中逐渐获得使用简单的语言进行基本交际会话的能力。

建议教师完全根据教材编排的顺序，即热身→词语→语言点→课文→活动→拓展练习组织教学，也可按照具体情况灵活微调。

1. 热身

为每一课教学的引入部分，教师可用 10 分钟左右的时间，通过师生之间或学生之间问答的形式引导学生复习旧知识，唤起对新知识的学习动机，自然过渡到新课的学习。

2. 词语

每课生词为 20 个左右，建议使用 20 分钟左右时间进行教学。教师可先领读生词，然后按顺序讲解生词，对于重点生词应通过形式多样的互动方式引出词语的典型用法，并带领学生操练，最后给学生 5 分钟时间完成生词填空练习，教师扼要讲评。

3. 语言点

每一个语言点都设计在有意义的对话中，使学生在具体的语境中感知语言点的意义，并通过大量的例子加深其认知。教师可通过领读例句引导学生关注语言形式并理解其意义，在此基础上归纳语言点功能及形式，继而进入后续的“活动”环节。学生两人一组活动，教师巡视并随时指导。小组练习后，教师可请不同小组的成员具体展示并给予反馈。学生通过从控制式到半控制式的任务活动，在具体语境下尝试实践新的语言点，循序渐进，从懂到会，真正学会在交际中正确使用语言点。该板块建议 30 分钟左右完成。

4. 课文

课文教学板块包括 2 篇对话，每篇对话前都配有听力练习。课文内容由浅入深，以提供更多词语及语言点的复现机会。在学习课文前，先以听力练习的形式引入，意在激起学生的学习积极性，同时进一步巩固新学词语与语言点。需注意的是，做此练习时学生不得看课文，教师应在学生充分理解问题的基础上再播放录音。一般情况下建议听两遍，听第一遍时可放慢播放速度。在核对答案后，教师可以领读或让学生跟读录音、分角色朗读等。该板块建议 40 分钟左右完成。

5. 活动

本环节为自由输出式活动，建议用 20 分钟完成，目的是使学生在前几个阶段的基础上，通过完成真实的交际任务获得运用汉语进行会话的交际能力。教师可根据任务要求让学生分组活动，教师巡视并提供指导和帮助。活动完成后，教师请各小组分别展示，并根据展示内容提问其他小组，必要时，针对偏误进行进一步的操练。活动过程中可对小组进行重新组合，变换组员，使学生能有足够的机会跟不同的伙伴互动。作为课后的巩固和跟进，教师可增加基于“微信群”的学习活动，鼓励学生通过语音留言的形式完成口头表达的作业，提高其口语表达的积极性和参与性，从而巩固学生的交际会话能力。

6. 拓展练习

如果日课时为 3 课时，这一板块作为课后作业；如果是 4 课时，则第 4 节课使用。此板块为学生提供包含本课语言点及主要词汇的听力理解及阅读理解的练习。具体而言，第一部分为听力练习，教师可引导学生先看题目，大致了解所听内容的对话情境、人物及话题内容。教师可根据学生的听力情况决定播放录音的次数，建议通过与学生互动的方式检测学生是否完全听懂。第二部分为阅读练习，学生准确完成后，如果时间充裕，可以让学生复述短文内容。

以上建议仅供各位教师参考，教师可在教学实践中根据本校课时安排、教学对象特点、学生需求、课堂实际情况等多方面因素进行调整，灵活取舍，以求取得最佳的教学效果。

语法术语缩略形式表
Abbreviations of Grammar Terms

缩略形式 Abbreviation	英文翻译 English	中文名称 Chinese
A	Adjective	形容词
Adv	Adverb	副词
Conj	Conjunction	连词
Int	Interjection	感叹词
M	Measure Word	量词
N	Noun	名词
NP	Noun Phrase	名词词组
Nu	Numeral	数词
O	Object	宾语
Ono	Onomatopoeia	拟声词
PN	Proper Noun	专有名词
Pre	Prefix	前缀
Prep	Preposition	介词
Pron	Pronoun	代词
Pt	Particle	助词
Q	Quantifier	数量词
S	Subject	主语
Suf	Suffix	后缀
V	Verb	动词

目　录

第一课　国庆节放七天假　1

功　能　询问时间安排

语言点　（1）时量补语

（2）状语标记“地”

第二课　找到满意的工作不容易啊　13

功　能　询问找工作的情况

语言点　结果补语 1

第三课　我要给他寄过去　25

功　能　寄快递与收快递

语言点　趋向补语

第四课　您是不是住到 12 号？　35

功　能　住宿与退房

语言点　结果补语 2

第五课　每天都看得到美景　47

功　能　租借住房

语言点　可能补语

第六课　后面站着的两个女孩儿是谁？　59

功　能　描述人或物的状态

语言点　（1）“动词 + 着”的用法

（2）使用“怎么”的反问句

第七课　我想把美元换成人民币　71

功　能　办理银行业务

语言点　“把”字句 1

第八课　请把护照拿出来　83

功　能　接受安全检查

语言点　“把”字句 2

第九课　你的电脑可能被病毒感染了　93

功　能　描述遭受的不快或不幸

语言点　“被”字句

第十课　祝你一路平安　103

功　能　告别

生词表　113

录音文本　117

1 **We have seven days off for the National Day** 1

Function To ask about the schedule

Language point (1) Complements of duration

(2) The adverbial marker "地"

2 **It's not easy to find your dream job** 13

Function To ask about one's job hunt

Language point Result complements 1

3 **I'll send it to him** 25

Function To send/receive an express mail

Language point Directional complements

4 **You'll stay until the 12th, right?** 35

Function To check in/out at a hotel

Language point Result complements 2

5 **You can have a good view every day** 47

Function To rent a house

Language point Potential complements

6 **Who are the two girls standing behind?** 59

Function To describe the state of sb. or sth.

Language points (1) The usage of "V + 着"

(2) The rhetorical question with "怎么"

7 **I want to exchange US dollars for RMB** 71

Function To get banking done

Language point The 把-sentence 1

8 **Your passport, please** 83

Function To go through security

Language point The 把-sentence 2

9 **Your computer may be infected with a virus** 93

Function To describe an unpleasant or unfortunate experience

Language point The 被-sentence

10 **Have a safe trip** 103

Function To bid farewell

Vocabulary 113

Listening script 117

Dì-yī kè Guóqìng Jié fàng qī tiān jià

第一课 国庆节放七天假

Lesson 1 We have seven days off for the National Day

本课目标 Goals of the lesson

1. 功能：询问时间安排
   Function: To ask about the schedule
2. 语言点：Language point:
   （1）时量补语 Complements of duration
   （2）状语标记“地” The adverbial marker “地”

一、热身 Warm-up

回答问题：Answer the questions:

1. 你每个星期学习、休息多长时间？
   How long do you spend studying and resting each week?
2. 你每天学习、休息多长时间？
   How long do you spend studying and resting every day?
3. 你星期六、星期天一般做些什么？都用多长时间？
   What do you normally do on the weekends? How long do you spend doing them?

二、词语 New words

1.	放假	fàng jià	VO	to have a holiday or vacation	放一天假
	假	jià	N	holiday, vacation	长假
2.	节日	jiérì	N	festival	

3.	有的	yǒude	Pron	some	有的人 有的地方
4.	比如	bǐrú	V	for example	
5.	开始	kāishǐ	V&N	to begin, to start; beginning	
6.	请假	qǐng jià	VO	to ask for leave	请两个月假
7.	结婚	jié hūn	VO	to get married	跟我结婚
8.	热情	rèqíng	A	enthusiastic, warm	
9.	开车	kāi chē	VO	to drive a car	
	开	kāi	V	to drive	
	车	chē	N	car, vehicle	
10.	辆	liàng	M	*a measure word for vehicles*	两辆车
11.	带	dài	V	to bring, to take	
12.	高速公路	gāosù gōnglù		expressway	
13.	堵	dǔ	A&V	jammed, obstructed; to block up, to stop up	堵车
14.	一会儿	yíhuìr	Q	a short while	休息一会儿
15.	免费	miǎn fèi	VO	to be free of charge	
16.	飞机	fēijī	N	airplane	坐飞机 （飞）机票
17.	宿舍	sùshè	N	dormitory	

专名 Proper nouns

1	国庆节	Guóqìng Jié	National Day
2	中秋节	Zhōngqiū Jié	Mid-Autumn Festival

选用以上词语填空。Fill in the blanks with the words above.

Nǐ shénme shíhou xué Hànyǔ de?
（1）你 什么 时候（ ）学 汉语 的？

Zhèli chē tài duō le, měi tiān dōu ( ) chē, chē kāi de fēicháng màn.
(2)这里车太多了，每天都(　　)车，车开得非常慢。

Sān suì de háizi kěyǐ ( ) zuò dìtiě, dāngrán búyòng mǎi piào.
(3)三岁的孩子可以(　　)坐地铁，当然不用买票。

Zhèli de péngyou duì wǒ fēicháng ( ).
(4)这里的朋友对我非常(　　)。

三、语言点 Language point

时量补语 Complements of duration

时量补语由表示行为动作、状态持续时间的词或短语充当，表示动作、状态等持续时间的长短。这些表示持续时间的词或短语，如：

A complement of duration is a temporal word or expression indicating the duration of an action or a state. Such words and expressions include:

- 多长时间
- 几天 / 年 / 个小时
- 两年　三个月　两个星期　十天　两天半　四个小时　三分钟　半天　半年　半个小时

常见的句型如下：

The common sentence patterns are:

主语＋动词＋持续时间 S + V + Duration	Wǒmen měi tiān gōngzuò bā gè xiǎoshí. 我们每天工作八个小时。 Tā láile bàn gè duō xiǎoshí le. 他来了半个多小时了。
主语＋动词$_1$＋宾语＋动词$_1$＋持续时间 S + V_1 + O + V_1 + Duration	Tā xué Hànyǔ xuéle sān gè yuè le. 他学汉语学了三个月了。 Tā tī qiú tīle bàn gè xiǎoshí. 他踢球踢了半个小时。
主语＋动词＋持续时间（＋“的”）＋宾语 S + V + Duration (+ 的) + O	Wǒ dǎle yí gè xiǎoshí de diànhuà. 我打了一个小时的电话。 Tā měi tiān shàng sì gè xiǎoshí de kè. 她每天上四个小时的课。

要注意，第三种句型中，如果宾语是一个代词或人，时量补语一般在代词或人的后面。

In the third pattern, when the object of the verb is a pronoun, the complement of duration is usually put after the pronoun.

例如：For example:

Wǒmen děngle bàntiān tā .
我们 等了 半天 他。（×）

Wǒmen děngle tā bàntiān .
我们 等了 他 半天 。（√）

状语标记"地"

有些状语修饰动词时带"地"。

Some adverbials take "地" as a marker when modifying a verb.

例如：For example:

Tā rèqíng de qǐng wǒ hē chá.
他热情地请我喝茶。

Nǐ yīnggāi hǎohāor de xiūxi xiūxi.
你应该好好儿地休息休息。

◎ 活动 Activity

看图选择相应的词或短语，然后仿照例子，两人一组，看图问答。

Choose the appropriate words or phrases for the pictures and work in pairs to make conversations following the example.

例：For example:

xuéxí Yīngyǔ
学习 英语

Tā xuéxíle duō cháng shíjiān de Yīngyǔ?
A: 他学习了多长时间的英语？

Tā xuéxíle liǎng gè xiǎoshí de Yīngyǔ.
B: 他学习了两个小时的英语。

zuò fēijī A. 坐飞机	shēng bìng B. 生病	děng chē C. 等车	xià yǔ D. 下雨	shàng wǎng E. 上网
fàng jià F. 放假	kāi chē G. 开车	lā èrhú H. 拉二胡	jiāo Hànyǔ I. 教汉语	dǎ diànhuà J. 打电话

(1)________

(2)________

(3)________

(4)________

(5)________

(6)________

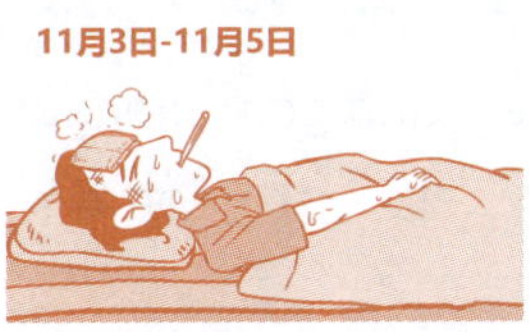

(7)________

(8)________

(9)________

(10)________

四、课文（一）Text (1)

01-1

听第一遍录音，判断对错。Listen to the recording and decide whether the statements are true or false.

Guóqìng Jié shì shí yuè yī hào.
(1) 国庆节是十月一号。 ( )

Zhōngqiū Jié fàng yì tiān jià.
(2) 中秋节放一天假。 ( )

Tiánzhōng cóng xīngqīsān kāishǐ xiūxi.
(3) 田中从星期三开始休息。 ( )

Tiánzhōng huí qu kàn àiren hé háizi.
(4) 田中回去看爱人和孩子。 ( )

听第二遍录音，回答问题。Listen to the recording again and answer the questions.

Guóqìng Jié fàng jǐ tiān jià?
（1）国庆 节 放 几 天 假？

Tiánzhōng de hǎo péngyou xīngqī jǐ jié hūn?
（2）田中 的 好 朋友 星期 几 结 婚？

Tāmen xià gè xīngqī shàng jǐ tiān kè?
（3）他们 下 个 星期 上 几 天 课？

Hǎilún Guóqìng Jié xiǎng gàn shénme?
（4）海伦 国庆 节 想 干 什么？

分角色朗读课文。Role-play the dialogue.

Hǎilún: Tiánzhōng, kuài dào 10 yuè 1 hào le, nǐ zhīdào Guóqìng Jié fàng duō cháng shíjiān de jià ma?
海伦：田中，快 到 10 月 1 号 了，你 知道 国庆 节 放 多 长 时间 的 假 吗？

Tiánzhōng: Guóqìng Jié fàng qī tiān jià, xiūxi yí gè xīngqī.
田中：国庆 节 放 七 天 假，休息 一 个 星期。

Hǎilún: Zhōngguó de jiérì dōu fàng chángjià ma?
海伦：中国 的 节日 都 放 长假 吗？

Tiánzhōng: Bù, yǒude jiérì zhǐ fàng yì tiān jià, bǐrú Zhōngqiū Jié.
田中：不，有的 节日 只 放 一 天 假，比如 中秋 节。

Hǎilún: Tīngshuō Guóqìng Jié shì cóng xīngqīsì kāishǐ fàng jià, wǒmen xià gè xīngqī zhǐ shàng sān tiān kè.
海伦：听说 国庆 节 是 从 星期四 开始 放 假，我们 下 个 星期 只 上 三 天 课。

Tiánzhōng: Duì, wǒ yǐjīng qǐngle sān tiān de jià, xià gè xīngqī jiù bú qù shàng kè le, huí Rìběn qu.
田中：对，我 已经 请了 三 天 的 假，下 个 星期 就 不 去 上 课 了，回 日本 去。

Hǎilún: Nǐ huí qu kàn nǐ de àiren hé háizi ma?
海伦：你 回 去 看 你 的 爱人 和 孩子 吗？

Tiánzhōng: Bú shì. Xià gè xīngqīyī wǒ de hǎo péngyou jié hūn, wǒ zhège
田中：不 是。下 个 星期一 我 的 好 朋友 结 婚，我 这个

xīngqīliù huí qu Hǎilún, nǐ Guóqìng Jié gàn shénme?
星期六回去。海伦，你国庆节干什么？

Hǎilún: Wǒ xiǎng zài sùshè shūshufūfū de shuì jǐ tiān, tài lèi le.
海伦：我想在宿舍舒舒服服地睡几天，太累了。

Tiánzhōng: Shì bú shì xiǎng shuì yí gè xīngqī jiào?
田中：是不是想睡一个星期觉？

五、课文（二）Text (2)

01-2

听录音，回答问题。Listen to the recording and answer the questions.

Huílai de shíhou, Xiǎomíng kāi chē kāi de kuài bú kuài?
（1）回来的时候，小明开车开得快不快？

Wèi shénme Guóqìng Jié gāosù gōnglù hěn dǔ?
（2）为什么国庆节高速公路很堵？

Hǎilún wèi shénme méi qù lǚxíng?
（3）海伦为什么没去旅行？

Hǎilún juéde lǚxíng duì xuéxí yǒu bāngzhù ma?
（4）海伦觉得旅行对学习有帮助吗？

分角色朗读课文。Role-play the dialogue.

Hǎilún: Fàngle sì tiān jià le. Ōuwén, nǐ qù nǎr wánr le?
海伦：放了四天假了。欧文，你去哪儿玩儿了？

Ōuwén: Xiǎomíng hěn rèqíng, tā kāile liàng chē, dài wǒmen qù lǚxíng le.
欧文：小明很热情，他开了辆车，带我们去旅行了。

Hǎilún: Gāosù gōnglù hěn dǔ ba?
海伦：高速公路很堵吧？

Ōuwén: Qù de shíhou zhǐ dǔle yíhuìr, huí lai de shíhou dǔle wǔ gè xiǎoshí zuǒyòu.
欧文：去的时候只堵了一会儿，回来的时候堵了五个小时左右。

Hǎilún: Guóqìng Jié gāosù gōnglù miǎn fèi, dāngrán dǔ le.
海伦：国庆节高速公路免费，当然堵了。

Ōuwén: Rúguǒ zuò fēijī jiù bù dǔ le. Hǎilún, nǐ chūqu wánr le ma?
欧文：如果坐飞机就不堵了。海伦，你出去玩儿了吗？

Hǎilún: Wǒ yào cānjiā HSK kǎoshì, měi tiān dōu zài sùshè xuéxí.
海伦：我要参加 HSK 考试，每天都在宿舍学习。

Ōuwén: Wǒ míngtiān yě yào zài jiāli hǎohāor de xuéxí.
欧文：我明天也要在家里好好儿地学习。

Hǎilún: Lǚxíng yě shì hěn hǎo de xuéxí.
海伦：旅行也是很好的学习。

六、活动 Activity

两人一组，互相询问：

Work in pairs and ask each other:

（1）对方国家长假的放假时间；

The length of the longest holiday in each other's countries;

（2）长假期间的安排。

Each other's plans for the holiday.

七、拓展练习 Extended exercises

听力练习 Listening 01-3

1. 听第一遍录音，判断对错。

Listen to the recording and decide whether the statements are true or false.

Nán de xiànzài zài shāngdiàn gōngzuò.
（1）男的现在在商店工作。（ ）

Nán de hé nǚ de bú rènshi.
（2）男的和女的不认识。（ ）

Nán de hé nǚ de zài fàndiàn shuō huà.
（3）男的和女的在饭店说话。（ ）

Nán de xiàwǔ búyòng kāi chē, kěyǐ xiūxi.
(4) 男的下午不用开车，可以休息。 ( )

2. 听第二遍录音，选择正确答案。

Listen to the recording again and choose the correct answers.

Nán de kāile jǐ nián chē le?
(1) 男的开了几年车了?

shíyī nián zuǒyòu
A. 十一年左右

shí nián zuǒyòu
B. 十年左右

shí nián
C. 十年

Nán de de xīn chē mǎile duōshao nián le?
(2) 男的的新车买了多少年了?

sì nián zuǒyòu
A. 四年左右

shí nián zuǒyòu
B. 十年左右

liù nián
C. 六年

Nán de xiànzài měi tiān gōngzuò duō cháng shíjiān?
(3) 男的现在每天工作多长时间?

liù gè xiǎoshí
A. 六个小时

shí gè xiǎoshí
B. 十个小时

jiǔ gè xiǎoshí
C. 九个小时

Nán de gēn nǚ de shuō huà de shíhou shì jǐ diǎn?
(4) 男的跟女的说话的时候是几点?

shíèr diǎn yǐhòu
A. 十二点以后

shíèr diǎn yǐqián
B. 十二点以前

xiàwǔ liù diǎn
C. 下午六点

阅读练习 Reading

中秋节（kuài）到了，放一天（jià）。因为中秋节是星期五，可以休息三天。欧文打算星期五和星期六（kāi）车去旅行，旅行回来以后在家睡一天觉。卡玛拉的朋友（rè）情地请她去玩儿，她打算星期五早上就去朋友家，晚上回来。然后（Ránhòu）(then) 星期六下午打球，星期天在家复习（fùxí）(to review lessons)。海伦要参加 HSK 考试，每天在家学习。金美京感冒了，想在宿（shè）休息。

1. 根据拼音，在短文的括号里填上正确的汉字。

Fill in the blanks in the passage with characters according to the *pinyin*.

2. 根据短文内容连线。

Refer to the passage above and match the persons with their actions.

	zuò yì tiān kè 做一天客
Ōuwén 欧文	zài sùshè xiūxi sān tiān 在宿舍休息三天
dàjiā 大家	zài jiā xuéxí sān tiān 在家学习三天
Kǎmǎlā 卡玛拉	fàng yì tiān jià 放一天假
Hǎilún 海伦	fùxí yì tiān 复习一天
Jīn Měijīng 金美京	dǎ bàntiān qiú 打半天球
	zài jiā shuì yì tiān jiào 在家睡一天觉
	lǚxíng liǎng tiān 旅行两天

3. 选词填空。

Choose the right words to complete the sentences.

A. 得 (de)　B. 的 (de)　C. 地 (de)

Tā gāoxìng ______ shuō: "Wǒ zuótiān kǎo ______ hěn hǎo, 95 fēn."
(1) 他高兴 ______ 说："我昨天考 ______ 很好，95 分。"

Tiānqì hěn lěng, kěshì tā chuān ______ hěn shǎo.
(2) 天气很冷，可是他穿 ______ 很少。

Tā xǐhuan mǎi piányi ______ dōngxi.
(3) 他喜欢买便宜 ______ 东西。

yìdiǎnr / yíhuìr / yíxià / yǒu diǎnr
A. 一点儿　B. 一会儿　C. 一下　D. 有点儿

Tiānqì ______ lěng, duō chuān ______ yīfu ba.
（1）天气 ______ 冷，多 穿 ______ 衣服 吧。

Wǒ kàn ______ jiù huán gěi nǐ.
（2）我 看 ______ 就 还 （to return）给 你。

Yǔ hěn dà, yǐjīng xiàle ______ le.
（3）雨 很 大，已经 下了 ______ 了。

Zhè dōngxi tài guì le, wǒ zhǐ mǎi le ______.
（4）这 东西 太 贵 了，我 只 买 了 ______。

Wǒ bǐ tā gāo ______.
（5）我 比 他 高 ______。

Yīshēng gěi wǒ dǎ zhēn, kāishǐ ______ téng, guòle ______ jiù bù téng le.
（6）医生 给 我 打 针，开始 ______ 疼，过了 ______ 就 不 疼 了。

想想本课你学到了哪些有用的词语和句子，写在下面。

Think about the useful words and sentences you have learned in this lesson and write them down below.

词语：Words:

句子：Sentences:

Dì-èr kè　Zhǎodào mǎnyì de gōngzuò bù róngyì a

第二课 找到满意的工作不容易啊

Lesson 2 It's not easy to find your dream job

本课目标 Goals of the lesson

1. 功能：询问找工作的情况
   Function: To ask about one's job hunt
2. 语言点：结果补语 1
   Language point: Result complements 1

一、热身 Warm-up

回答问题：Answer the questions:

1. 你们国家的大学生怎么找工作？
   How do university graduates find jobs in your country?

2. 你们国家的大学生需要去公司实习吗？他们怎么找实习？
   Do university students in your country need to have internship experience? How do they find internships?

二、词语 New words

1.	毕业	bì yè	VO	to graduate	大学毕业
2.	实习	shíxí	V	to do an internship	
3.	简历	jiǎnlì	N	resume, CV	
4.	面试	miànshì	V	to interview	
5.	完	wán	V	to finish, to end	吃完饭 看完书

6.	同意	tóngyì	V	to agree	
7.	如果	rúguǒ	Conj	if, in case	
8.	通过	tōng guò	VO	to pass (an exam, etc.)	通过考试
9.	死	sǐ	A&V	dead, to an extreme degree; to die	高兴死了
10.	场	chǎng	M	*a measure word for activities or events*	一场考试 两场比赛
11.	满意	mǎnyì	V	to be satisfied	
12.	竞争	jìngzhēng	V	to compete	
13.	厉害	lìhai	A	fierce, severe	
14.	(电子)邮件	(diànzǐ)yóujiàn	N	e-mail	发邮件
15.	通知	tōngzhī	V&N	to inform; notice	通知他参加面试 一个通知
16.	希望	xīwàng	V&N	to hope, to wish; hope	希望通过考试 有希望
17.	早就……了	zǎo jiù……le		long since, long before	他早就知道了
18.	祝	zhù	V	to wish	祝你生日快乐

选用以上词语填空。Fill in the blanks with the words above.

Nǐ shì nǎge dàxué ( ) de?
(1) 你是哪个大学(　　)的？

Wǒ rúguǒ ( ) le miànshì, jiù kěyǐ zài zhè jiā gōngsī shíxí le.
(2) 我如果(　　)了面试，就可以在这家公司实习了。

Zhǎo gōngzuò de shíhou, xūyào zhǔnbèi hǎo zìjǐ de ( ).
(3) 找工作的时候，需要准备好自己的(　　)。

Nǐ míngtiān ( ) wán le, wǒmen yìqǐ qù shìzhōngxīn ba.
(4) 你明天(　　)完了，我们一起去市中心吧。

三、语言点 Language point

结果补语 1 Result complements 1

结果补语表示动作、变化的结果，由动词、形容词充当。

A result complement, usually a verb or an adjective, indicates the result of an action or a change.

下面是几个常见的表示结果的词：

Here are some commonly used words indicating the result:

wán 完	to complete	kànwán shū 看完 书	shàngwán kè 上完 课	chīwán fàn 吃完 饭			
hǎo 好	completed	zuòyè xiěhǎo le 作业 写好 了					
	properly	zuòhǎo gōngzuò 做好 工作	chuānhǎo yīfu 穿好 衣服	xuéhǎo Hànyǔ 学好 汉语			
jiàn 见	to attain	kànjiàn 看见	tīngjiàn 听见				
dào 到	to attain	kàndào 看到	tīngdào 听到	mǎidào 买到	chīdào 吃到	děngdào 等到	xiǎngdào 想到
duì 对	correct	shuōduì 说对	zuòduì 做对	xiěduì 写对	xiǎngduì 想对		
cuò 错	wrong	dǎcuò diànhuà 打错 电话	xiěcuò Hànzì 写错 汉字	mǎicuò dōngxi 买错 东西			
dǒng 懂	to understand	tīngdǒng 听懂	kàndǒng 看懂				
qīngchu 清楚	clear	tīng qīngchu 听 清楚	kàn qīngchu 看 清楚	shuō qīngchu 说 清楚			

例如：For example:

Tā xiěcuòle yí gè Hànzì.
他 写错了 一 个 汉字。

Jīntiān wǒmen kěyǐ xuéwán dì-èr kè.
今天 我们 可以 学完 第二 课。

结果补语的否定形式一般是在动词前加上“没(有)”，疑问形式是在动词前加“有没有”

或者是在句尾加上“没有”或“吗”。就像“动词+不+动词”可以表示疑问，有结果补语的句子可以用“动词+没+动词”表示疑问。

The negation of a result complement is to put “没（有）” before the verb, and the general question form is made by putting “有没有” before the verb or by putting “没有” or “吗” at the end of the sentence. Instead of “V 不 V”, “V 没 V” is used in a sentence with a result complement to ask a question.

例如：For example:

Nǐ zuótiān yǒu méiyǒu kànjiàn Wáng lǎoshī? Nǐ zuótiān kànjiàn Wáng lǎoshī le ma?
A: 你 昨天 有 没有 看见 王 老师？/ 你 昨天 看见 王 老师 了 吗？

Nǐ zuótiān kànjiàn Wáng lǎoshī le méiyǒu? Nǐ zuótiān kàn méi kànjiàn Wáng lǎoshī?
你 昨天 看见 王 老师 了 没有？/ 你 昨天 看 没 看见 王 老师？

Wǒ zuótiān méi yǒu kànjiàn Wáng lǎoshī.
B: 我 昨天 没（有）看见 王 老师。

◎ 活动 Activity

看图选择相应的词或短语，然后仿照例子，两人一组，看图问答。

Choose the appropriate words or phrases for the pictures and work in pairs to make conversations following the example.

例：For example:

mǎidào diànyǐngpiào
买到 电影票

Tā mǎidào diànyǐngpiào le ma? Tā mǎidào diànyǐngpiào le méiyǒu? Tā mǎi méi mǎidào diànyǐngpiào?
A：她 买到 电影票 了 吗？/ 她 买到 电影票 了 没有？/ 她 买 没 买到 电影票？

Tā mǎidào diànyǐngpiào le.
B：她 买到 电影票 了。

chīwán A. 吃完	chuānhǎo B. 穿好	děngdào C. 等到	kàndào D. 看到	yòngwán E. 用完
guān hǎo F. 关（to close）好	xiěduì G. 写对	kàn qīngchu H. 看 清楚		

(1)___饭

(2)___公交车

(3)___太阳(sun)

(4)___衣服

(5)___字

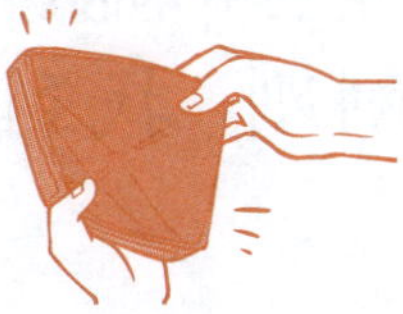
(6)___钱

(7)___门

(8)___明

四、课文(一) Text (1)

02-1

听第一遍录音，判断对错。Listen to the recording and decide whether the statements are true or false.

Xiǎomíng zhǎodào shíxí de gōngsī le.
(1) 小明 找到 实习 的 公司 了。 ( )

Xiǎomíng de jiǎnlì yào yòng Yīngyǔ xiě.
(2) 小明 的 简历 要 用 英语 写。 ( )

Xiǎomíng xūyào měi tiān qù shíxí.
(3) 小明 需要 每 天 去 实习。 ( )

Xiǎomíng de péngyou zài zhè jiā gōngsī shíxí.
(4) 小明 的 朋友 在 这 家 公司 实习。 ( )

听第二遍录音，回答问题。Listen to the recording again and answer the questions.

Xiǎomíng de péngyou zhǎodàole shénme gōngsī qù shíxí?
(1) 小明 的 朋友 找到了 什么 公司 去 实习？

Xiǎomíng xiěhǎo jiǎnlì le ma?
(2) 小明 写好 简历 了 吗？

Xiǎomíng wèi shénme qǐng Hǎilún kàn jiǎnlì?
(3) 小明 为 什么 请 海伦 看 简历？

Xiǎomíng xīngqīyī hé xīngqīsì shàngwǔ yě qù gōngsī shíxí ma?
(4) 小明 星期一 和 星期四 上午 也 去 公司 实习 吗？

分角色朗读课文。Role-play the dialogue.

Hǎilún: Xiǎomíng, Zhōngguó de dàxuéshēng bì yè yǐqián xūyào qù shíxí ma?

海伦：小明，中国的大学生毕业以前需要去实习吗？

Gāo Xiǎomíng: Shìde, wǒ de péngyou gānggāng zhǎodàole yì jiā gōngsī qù shíxí, wǒ yě xiǎng qù.

高小明：是的，我的朋友刚刚找到了一家公司去实习，我也想去。

Hǎilún: Shénme gōngsī?

海伦：什么公司？

Gāo Xiǎomíng: Shì jiā Měiguó gōngsī, tāmen ràng wǒ xiān yòng Yīngyǔ xiěhǎo jiǎnlì. Wǒ de Yīngyǔ bú tài hǎo, nǐ bāng wǒ kàn yíxià xiěduìle méiyǒu?

高小明：是家美国公司，他们让我先用英语写好简历。我的英语不太好，你帮我看一下写对了没有？

Hǎilún: Hǎo de, wǒ kànkan. Nǐ hái xūyào miànshì ma?

海伦：好的，我看看。你还需要面试吗？

Gāo Xiǎomíng: Yào, yǒu xiē gōngsī hái yào miànshì hěn duō cì.

高小明：要，有些公司还要面试很多次。

Hǎilún: Zhè jiā gōngsī xūyào měi tiān qù ma?

海伦：这家公司需要每天去吗？

Gāo Xiǎomíng: Měi gè xīngqī qù sì tiān. Wǒ xīngqīyī hé xīngqīsì shàngwǔ yǒu kè, dǎsuàn shàngwán kè qù.

高小明：每个星期去四天。我星期一和星期四上午有课，打算上完课去。

Hǎilún: Gōngsī huì tóngyì ma?

海伦：公司会同意吗？

Gāo Xiǎomíng: Méi wèntí, wǒ de péngyou yě shì shàngwán kè yǐhòu qù de.

高小明：没问题，我的朋友也是上完课以后去的。

Hǎilún: Rúguǒ néng tōng guò miànshì, nǐ yǐhòu jiù yào mángsǐ le.
海伦：如果能通过面试，你以后就要忙死了。

五、课文（二）Text (2)

02-2

听录音，回答问题。Listen to the recording and answer the questions.

Xiǎomíng zuìjìn zài máng shénme?
（1）小明最近在忙什么？

Wèi shénme zhǎo gōngzuò bǐjiào nán?
（2）为什么找工作比较难？

Míngtiān de miànshì, Xiǎomíng zhǔnbèi de zěnmeyàng?
（3）明天的面试，小明准备得怎么样？

Xiǎomíng xīwàng děngdào shénme hǎo xiāoxi?
（4）小明希望等到什么好消息？

分角色朗读课文。Role-play the dialogue.

Kǎmǎlā: Xiǎomíng, nǐ kuài bì yè le, gōngzuò zhǎodào le ma?
卡玛拉：小明，你快毕业了，工作找到了吗？

Gāo Xiǎomíng: Hái méiyǒu. Zuìjìn mángzhe zhǎo gōngzuò, wǒ yǐjīng cānjiāle hěn duō chǎng miànshì.
高小明：还没有。最近忙着找工作，我已经参加了很多场面试。

Kǎmǎlā: Zhǎodào mǎnyì de gōngzuò bù róngyì a.
卡玛拉：找到满意的工作不容易啊。

Gāo Xiǎomíng: Shì a, jìngzhēng hěn lìhai. Shàng gè xīngqī yì jiā gōngsī gěi wǒ fāle diànzǐ yóujiàn, tōngzhī wǒ míngtiān qù miànshì. Xīwàng
高小明：是啊，竞争很厉害。上个星期一家公司给我发了电子邮件，通知我明天去面试。希望

zhè cì néng tōng guò.
这次能通过。

Kǎmǎlā: Míngtiān de miànshì nǐ zhǔnbèi hǎo le ma?
卡玛拉：明天的面试你准备好了吗？

Gāo Xiǎomíng: Zǎo jiù zhǔnbèi hǎo le.
高小明：早就准备好了。

Kǎmǎlā: Shì yòng Hànyǔ háishi yòng Yīngyǔ miànshì?
卡玛拉：是用汉语还是用英语面试？

Gāo Xiǎomíng: Nà shì yì jiā Měiguó gōngsī, děi yòng Yīngyǔ miànshì.
高小明：那是一家美国公司，得用英语面试。

Kǎmǎlā: Zhù nǐ hǎo yùn qi!
卡玛拉：祝你好运（气）！

Gāo Xiǎomíng: Xièxie!
高小明：谢谢！

六、活动 Activity

两人一组，互相询问：

Work in pairs and ask each other:

（1）对方国家的大学生是怎么找实习 / 工作的；

How university students in each other's countries find internships/jobs;

（2）对方国家的大学生找工作容易吗。

Whether it is easy for university graduates in each other's countries to find jobs.

七、拓展练习 Extended exercises

听力练习 Listening 02-3

1. 听第一遍录音，判断对错。

Listen to the recording and decide whether the statements are true or false.

Ōuwén huí guó yǐhòu yǒu jǐ chǎng miànshì yào cānjiā.
（1）欧文回国以后有几场面试要参加。（　　）

Hǎilún zhǔnbèi xià gè xīngqī huí guó.
（2）海伦 准备 下 个 星期 回 国。（ ）

Hǎilún zhǔnbèi dài lǐwù huí qu.
（3）海伦 准备 带 礼物 回 去。（ ）

Ōuwén zuótiān chūqu mǎi fēijīpiào le.
（4）欧文 昨天 出去 买 飞机票 了。（ ）

2. 听第二遍录音，选择正确答案。

Listen to the recording again and choose the correct answers.

Hǎilún wèi shénme mǎidàole fēijīpiào?
（1）海伦 为 什么 买到了 飞机票？

mǎi de zǎo A. 买 得 早	jīpiào hěn piányi B. 机票 很 便宜	shàng wǎng mǎi de C. 上 网 买 的

Ōuwén wèi shénme méiyǒu mǎidào fēijīpiào?
（2）欧文 为 什么 没有 买到 飞机票？

jīpiào hěn guì A. 机票 很 贵	mǎiwǎnle B. 买晚了	bù zhīdào miànshì de shíjiān C. 不 知道 面试 的 时间

Ōuwén zhǐ néng mǎidào shénme shíhou de piào?
（3）欧文 只 能 买到 什么 时候 的 票？

shàng gè xīngqī de A. 上 个 星期 的	xià gè xīngqīèr de B. 下 个 星期二 的	míngtiān huòzhě hòutiān de C. 明天 或者 后天 的

Ōuwén shénme shíhou yǒu miànshì?
（4）欧文 什么 时候 有 面试？

míngtiān A. 明天	hòutiān B. 后天	xià gè xīngqīyī C. 下 个 星期一

阅读练习 Reading

高小明快大学毕业了，在找工作。他给很多公司发了（jiǎnlì），有公司让他今天上午十点去面试。这是一（jiā）英国公司，需要用英语面试。小明非常紧张，昨晚没有睡好觉，早上又看（cuò）了时间，六点就起来了。我有点儿担心，让他面试（wán）了以后，给我打个电话。（xīwàng）他能找到满意的工作。

1. 根据拼音，在短文的括号里填上正确的汉字。

Fill in the blanks in the passage with characters according to the *pinyin*.

2. 根据短文内容连线。

Refer to the passage above and match the persons with their actions.

	qǐzǎole 起早了
Xiǎomíng 小明	ràng Xiǎomíng dǎ diànhuà 让 小明 打 电话
gōngsī 公司	méiyǒu shuìhǎo 没有 睡好
wǒ 我	ràng Xiǎomíng miànshì de shíhou shuō Yīngyǔ 让 小明 面试 的 时候 说 英语
	kàncuòle shíjiān 看错了 时间
	xīwàng Xiǎomíng zhǎodào mǎnyì de gōngzuò 希望 小明 找到 满意 的 工作

3. 选词填空。

Choose the right words to complete the sentences.

A. 好 (hǎo)　B. 完 (wán)　C. 到 (dào)　D. 错 (cuò)　E. 晚 (wǎn)

Nǐ shuō ______ le, jīntiān bú shì xīngqīsān, shì xīngqīsì.
(1) 你 说 ______ 了，今天 不 是 星期三，是 星期四。

Zěnme zhème lěng? Nǐ méiyǒu guān ______ mén ba.
(2) 怎么 这么 冷？你 没有 关 ______ 门 吧。

Nà jiā dàngāodiàn hěn yǒu rénqì, wǒ qù ______ le, dàngāo yǐjīng mài ______ le. Wǒ míngtiān zài qù mǎi ba.
(3) 那 家 蛋糕店 很 有 人气，我 去 ______ 了，蛋糕 已经 卖 ______ 了。我 明天 再 去 买 吧。

Zhège xīngqī zài xuéxiào méiyǒu kàn ______ Ōuwén, tā gǎnmào le, méiyǒu lái shàng kè.
(4) 这个 星期 在 学校 没有 看 ______ 欧文，他 感冒 了，没有 来 上 课。

想想本课你学到了哪些有用的词语和句子，写在下面。

Think about the useful words and sentences you have learned in this lesson and write them down below.

词语：Words:

句子：Sentences:

Dì-sān kè　Wǒ yào gěi tā jì guoqu

第三课　我要给他寄过去

Lesson 3　I'll send it to him

本课目标 Goals of the lesson

1. 功能：寄快递与收快递
   Function: To send/receive an express mail
2. 语言点：趋向补语
   Language point: Directional complements

一、热身 Warm-up

回答问题：Answer the questions:

1. 你的朋友在很远的地方，你要怎么给他东西？
   Your friend lives far away from you. If you want to give him something, what would you do?

2. 你在中国收过快递吗？觉得怎么样？为什么？
   Have you ever received an express mail in China? How do you feel about it? Why?

二、词语 New words

1.	邮局	yóujú	N	post office	
2.	快递	kuàidì	N	express delivery	
3.	寄	jì	V	to send, to mail	寄快递
4.	快递员	kuàidìyuán	N	delivery person	
5.	取	qǔ	V	to get, to fetch, to pick up	取快递
6.	包	bāo	V	to wrap, to package	包好
7.	检查	jiǎnchá	V	to check	
8.	大概	dàgài	Adv	maybe, approximately	

9.	公斤	gōngjīn	M	kilogram	
10.	重	zhòng	A	heavy	
11.	女士	nǚshì	N	madam, lady	
12.	楼	lóu	N	floor; building	三楼　大楼
13.	修	xiū	V	to repair	
14.	封	fēng	M	*a measure word for letters*	
15.	信	xìn	N	letter, mail	寄一封信
16.	信箱	xìnxiāng	N	mailbox	
17.	放	fàng	V	to put	放下　放进去
18.	报纸	bàozhǐ	N	newspaper	
19.	杂志	zázhì	N	magazine	一本杂志
20	拿	ná	V	to take, to hold	拿来　拿去

选用以上词语填空。Fill in the blanks with the words above.

Zài Zhōngguó　　kuàidì bú tài guì.
(1) 在 中国 (　　) 快递 不 太 贵。

Tā měi tiān sì diǎn xiàlai kāi xìnxiāng, qǔ　　hé zázhì.
(2) 他 每 天 四 点 下来 开 信箱，取(　　)和 杂志。

Kuàidì hěn　　, yǒu 20 gōngjīn.
(3) 快递 很 (　　)，有 20 公斤。

Diànnǎo huài le, nǐ huì　　ma?
(4) 电脑 坏 了，你 会 (　　) 吗？

三、语言点 Language point

趋向补语 Directional complements

趋向动词可用在动词、形容词后做趋向补语。例如：

A directional verb can be used after a verb or an adjective to form a directional complement. For example:

常见的趋向动词 Common directional verbs	用法举例 Examples			
lái 来	dàilai 带来	nálai 拿来		
qù 去	náqu 拿去	sòngqu 送去		
xià qu lai 下（去/来）	zuòxia 坐下	tiàoxia 跳下	zǒu xiaqu 走下去	tiào xialai 跳下来
shàng qu lai 上（去/来）	náshang 拿上	tiàoshang 跳上	pá shangqu 爬上去	pǎo shanglai 跑上来
jìn qu lai 进（去/来）	zǒujin 走进	fàngjin 放进	kāi jinqu 开进去	zǒu jinlai 走进来
chū qu lai 出（去/来）	zǒuchu 走出	náchu 拿出		
huí qu lai 回（去/来）	zǒuhui jiā 走回家	pǎo huiqu 跑回去	ná huilai 拿回来	
qǐlai 起来	zuò qilai 坐起来	zhàn qilai 站起来		
guòlai 过来	zǒu guolai 走过来	tiào guolai 跳过来		
guòqu 过去	zǒu guoqu 走过去	ná guoqu 拿过去		

Tā zài fángjiān li zǒu guolai, zǒu guoqu, yíhuìr zuòxia, yíhuìr zhàn qilai.
1. 他在房间里走过来，走过去，一会儿坐下，一会儿站起来。

Tā zǒujin fángjiān, zuòle xialai.
2. 他走进房间，坐了下来。

Tā cóng chē li náchū diànnǎo lai, fàngjìn bāo li qu le.
3. 他从车里拿出电脑来，放进包（bag）里去了。

注意：Attention:

Tā zǒu jinqu jiàoshì.
他走进去教室。（×）

Tā zǒujìn jiàoshì qu.
他走进教室去。（√）

Tā cóng bāo li ná chulai yì běn shū.
他从包里拿出来一本书。（√）

Tā cóng bāo li náchū yì běn shū lai.
他从包里拿出一本书来。（√）

◎ 活动 Activity

两人一组，一个同学说指令，另一人执行。完成后轮换。

Work in pairs. One gives instructions and the other follows. Then swap roles.

Qǐng nǐ zhàn qilai / zǒu chuqu / zǒu jinlai / zǒu shangqu / zǒu xialai / zǒu guolai / zuò xialai / zuò guoqu / zuò guolai.
（1）请你站起来/走出去/走进来/走上去/走下来/走过来/坐下来/坐过去/坐过来。

Nǐ de shū / shǒujī / shūbāo ne? Qǐng ná chulai / fàng xialai / ná qilai / fàng xiaqu / ná shanglai / fàng jinqu.
（2）你的书/手机/书包呢？请拿出来/放下来/拿起来/放下去/拿上来/放进去。

四、课文（一）Text (1)

03-1

听第一遍录音，判断对错。Listen to the recording and decide whether the statements are true or false.

Hǎilún yào gěi Xī'ān de péngyou jì dōngxi.
（1）海伦要给西安的朋友寄东西。（　　）

Hǎilún de kuàidì bú tài duō，yǒu liǎng gōngjīn.
（2）海伦的快递不太多，有两公斤。（　　）

Kuàidì gōngsī kěyǐ lái qǔ dōngxi.
（3）快递公司可以来取东西。（　　）

Xiǎomíng yǒu yóujú de diànhuà hàomǎ.
（4）小明有邮局的电话号码。（　　）

听第二遍录音，回答问题。Listen to the recording again and answer the questions.

Xiǎomíng wèi shénme juéde jì kuàidì hěn fāngbiàn?
（1）小明为什么觉得寄快递很方便？

Fùjìn de kuàidì gōngsī, zǒu guoqu yào duō cháng shíjiān?
（2）附近的快递公司，走过去要多长时间？

Qù kuàidì gōngsī yǐqián，wèi shénme búyòng bāohǎo yào jì de dōngxi?
（3）去快递公司以前，为什么不用包好要寄的东西？

Xiǎomíng ràng Hǎilún dǎ diànhuà gàn shénme?
（4）小明让海伦打电话干什么？

分角色朗读课文。Role-play the dialogue.

Hǎilún: Xiǎomíng, fùjìn yǒu yóujú huòzhě kuàidì gōngsī ma?
海伦：小明，附近有邮局或者快递公司吗？

Gāo Xiǎomíng: Yǒu. Nǐ yào jì dōngxi ma?
高小明：有。你要寄东西吗？

Hǎilún: Wǒ Xī'ān de péngyou jiào wǒ mǎile yìxiē dōngxi, wǒ yào gěi tā jì guoqu.
海伦：我西安的朋友叫我买了一些东西，我要给他寄过去。

Gāo Xiǎomíng: Fùjìn yǒu hěn duō kuàidì gōngsī. Nǐ kěyǐ dǎ diànhuà jiào kuàidìyuán guòlai qǔ, yě kěyǐ sòng guoqu.
高小明：附近有很多快递公司。你可以打电话叫快递员过来取，也可以送过去。

Hǎilún: Sòng guoqu yuǎn bù yuǎn?
海伦：送过去远不远？

Gāo Xiǎomíng: Yǒu yì jiā kuàidì gōngsī lí zhèli hěn jìn, zǒu guoqu yíhuìr jiù dào.
高小明：有一家快递公司离这里很近，走过去一会儿就到。

Hǎilún: Sòng guoqu yǐqián, yào bú yào bāohǎo?
海伦：送过去以前，要不要包好？

Gāo Xiǎomíng: Búyòng bāohǎo, dàole nàli xūyào ná chulai jiǎnchá. Nǐ jì de dōngxi duō ma?
高小明：不用包好，到了那里需要拿出来检查。你寄的东西多吗？

Hǎilún: Bǐjiào duō, dàgài yǒu qī gōngjīn.
海伦：比较多，大概有七公斤。

Gāo Xiǎomíng: Hěn zhòng a, gěi kuàidì gōngsī dǎ diànhuà, ràng tāmen guòlai qǔ ba. Wǒ yǒu tāmen de diànhuà hàomǎ.
高小明：很重啊，给快递公司打电话，让他们过来取吧。我有他们的电话号码。

Hǎilún: Hǎo de, wǒ mǎshàng jiù dǎ.
海伦：好的，我马上就打。

五、课文（二）Text (2)

03-2

听录音，回答问题。Listen to the recording and answer the questions.

Kuàidìyuán dào Huáng nǚshì jiā lóu xià de shíhou, wèi shénme bù néng shàngqu?
（1）快递员到黄女士家楼下的时候，为什么不能上去？

Diàntī xiūhǎo yǐqián, Huáng nǚshì ràng kuàidìyuán zhǎo shénme?
（2）电梯修好以前，黄女士让快递员找什么？

Huáng nǚshì ràng kuàidìyuán dài shénme shàngqu?
（3）黄女士让快递员带什么上去？

Kuàidìyuán zuìhòu zěnme shàngqu de?
（4）快递员最后（finally）怎么上去的？

分角色朗读课文。Role-play the dialogue.

Kuàidìyuán zài Huáng nǚshì jiā lóu xià gěi tā dǎ diànhuà.
（快递员在黄女士家楼下给她打电话。）
(The delivery guy is calling Ms. Huang downstairs.)

kuàidìyuán: Nǐ hǎo, qǐngwèn shì Huáng nǚshì ma? Wǒ shì sòng kuàidì de, yǒu nǐ de kuàidì, nǐ xiànzài zài jiā ma?
快递员：你好，请问是黄女士吗？我是送快递的，有你的快递，你现在在家吗？

Huáng nǚshì: Zài. Wǒ jiā zài 20 lóu, qǐng sòng shanglai ba.
黄女士：在。我家在20楼，请送上来吧。

kuàidìyuán: Duìbuqǐ, diàntī huài le, hái zài xiū, bù néng yòng.
快递员：对不起，电梯坏了，还在修，不能用。

Huáng nǚshì: Shì shénme kuàidì?
黄女士：是什么快递？

kuàidìyuán: Shì yì fēng xìn, yì jiā gōngsī jìlai de.
快递员：是一封信，一家公司寄来的。

Huáng nǚshì: Búyòng sòng shanglai le, diàntī pángbiān yǒu wǒ jiā de xìnxiāng,
黄女士：不用送上来了，电梯旁边有我家的信箱，

nǐ zhǎo yíxià 2003 xìnxiāng, fàng jinqu ba.
你找一下2003信箱，放进去吧。

kuàidìyuán: Hǎo de, wǒ kàndào le. Ā. diàntī xiūhǎo le, wǒ háishi
快递员：好的，我看到了。啊，电梯修好了，我还是

sòng shangqu ba.
送上去吧。

Huáng nǚshì: Xièxie! Duì le, wǒ de xìnxiāng li shì bú shì hái yǒu
黄女士：谢谢！对了，我的信箱里是不是还有

bàozhǐ? Yě qǐng nǐ dài shanglai ba.
报纸？也请你带上来吧。

kuàidìyuán: Hǎo de. Lǐmàn hái yǒu yì běn zázhì, dōu ná chulai ma?
快递员：好的。里面还有一本杂志，都拿出来吗？

Huáng nǚshì: Qǐng nǐ dōu dài shanglai, gěi nǐ tiān máfan le!
黄女士：请你都带上来，给你添麻烦了！

kuàidìyuán: Méi guānxi.
快递员：没关系。

六、活动 Activity

两人一组，互相询问在对方国家怎么寄快递。

Work in pairs and ask each other how to send packages in each other's countries.

七、拓展练习 Extended exercises

听力练习 Listening 03-3

1. 听第一遍录音，判断对错。

Listen to the recording and decide whether the statements are true or false.

Jīn Měijīng měi tiān zǒu lù qù jiàoshì.
（1）金美京每天走路去教室。 （　　）

Diàntī huài le， kuàidìyuán juéde hěn bù fāngbiàn.
（2）电梯 坏 了， 快递员 觉得 很 不 方便 。 （ ）

Jīn Měijīng měi tiān dōu zài jiā chī wǔfàn.
（3）金 美京 每 天 都 在家吃 午饭。 （ ）

Jīn Měijīng de tóngwū jīntiān chūqu de shíhou， diàntī yǐjīng xiūhǎo le.
（4）金 美京 的 同屋 今天 出去 的 时候， 电梯 已经 修好 了。 （ ）

2. 听第二遍录音，选择正确答案。

Listen to the recording again and choose the correct answers.

Jīn Měijīng yìbān shénme shíhou zài jiā?
（1）金 美京 一般 什么 时候 在 家？

zhōngwǔ	xiàwǔ	báitiān
A. 中午	B. 下午	C. 白天

Jīn Měijīng měi tiān dàgài yào xià lóu jǐ cì?
（2）金 美京 每 天 大概 要 下 楼 几 次？

yí cì	liǎng cì	sān cì
A. 一 次	B. 两 次	C. 三 次

Diàntī huàile duō cháng shíjiān le?
（3）电梯 坏了 多 长 时间 了？

sì tiān	yì tiān	wǔ tiān
A. 四 天	B. 一 天	C. 五 天

Jīntiān shì shéi zuò diàntī shànglai de?
（4）今天 是 谁 坐 电梯 上来 的？

Jīn Měijīng de tóngwū	Jīn Měijīng	kuàidìyuán
A. 金 美京 的 同屋	B. 金 美京	C. 快递员

阅读练习 Reading

黄老师的家在 20（lóu），今天中午快递员送快递来的时候电梯坏了。快递有 30 多（gōngjīn），快递员打电话告诉黄老师不能送上去，下午再送过来。下午快递员来的时候，电梯已经（xiū）好了。黄老师 收到（shōudào）（to receive）快递以后，跟快递员一起坐电梯下来，她想开信箱（qǔ）报纸。不过，今天的报纸还没有送过来，一会儿还得下来看看。

1. 根据拼音，在短文的括号里填上正确的汉字。

Fill in the blanks in the passage with characters according to the *pinyin*.

2. 根据短文内容填空。

Refer to the passage above and write down the number of times.

Kuàidìyuán jīntiān gěi Huáng lǎoshī sòng kuàidì, lái guò ________ cì.
（1）快递员今天给黄老师送快递，来过________次。

Kuàidìyuán jīntiān gěi Huáng lǎoshī sòng kuàidì, zuò diàntī shàngquguo ________ cì.
（2）快递员今天给黄老师送快递，坐电梯上去过________次。

Huáng lǎoshī jīntiān děi xiàlai qǔ ________ cì bàozhǐ.
（3）黄老师今天得下来取________次报纸。

Huáng lǎoshī jīntiān děi kāi ________ cì xìnxiāng.
（4）黄老师今天得开________次信箱。

3. 选词填空。

Choose the right words to complete the sentences.

huíqu	guòlai	chūlai	jìnqu
A. 回去	B. 过来	C. 出来	D. 进去

Mǎshàng yào huí guó le, wǒ xiǎng mǎi yìxiē lǐwù dài ________.
（1）马上要回国了，我想买一些礼物带________。

Cóng duìmiàn pǎo ________ de shì wǒ péngyou.
（2）从对面跑________的是我朋友。

Tā cóng fàndiàn li zǒu ________ le.
（3）他从饭店里走________了。

Nàge mén bú dà, chūzūchē kěyǐ kāi ________ ma?
（4）那个门不大，出租车可以开________吗？

想想本课你学到了哪些有用的词语和句子，写在下面。

Think about the useful words and sentences you have learned in this lesson and write them down below.

词语：Words:

句子：Sentences:

Dì-sì kè Nín shì bú shì zhùdào 12 hào?

第四课 您是不是住到12号？

Lesson 4 You'll stay until the 12th, right?

本课目标 Goals of the lesson

1. 功能：住宿与退房
   Function: To check in/out at a hotel
2. 语言点：结果补语 2
   Language point: Result complements 2

一、热身 Warm-up

回答问题：Answer the questions:

1. 你如果去旅行，怎么找住的地方？
   If you are going on a trip, how do you find accommodation?

2. 你如果去旅行，希望住哪儿？对住的地方有什么要求？
   When you trauel, where do you want to stay? What accommodation requirements do you have?

二、词语 New words

1.	入住	rùzhù	V	to check in (a hotel)	
	住	zhù	V	to live, to stay	
2.	预订	yùdìng	V	to book, to reserve	
	订	dìng	V	to book, to reserve	订房 订票
3.	早餐	zǎocān	N	breakfast	
4.	单人间	dānrénjiān		single room	
5.	押金	yājīn	N	deposit	
6.	收据	shōujù	N	receipt	

7.	退房	tuì fáng	VO	to check out (of a hotel)	
8.	宾馆	bīnguǎn	N	hotel	
9.	密码	mìmǎ	N	password	
11.	桌子	zhuōzi	N	table	
10.	券	quàn	N	coupon	早餐券
12.	餐厅	cāntīng	N	restaurant, dining hall	
13.	按照	ànzhào	Prep	according to, on the basis of	
14.	规定	guīdìng	N	rule, provision	
15.	延长	yáncháng	V	to extend, to prolong	
16.	现金	xiànjīn	N	cash	
17.	还	huán	V	to return	
18.	地图	dìtú	N	map	
19.	张	zhāng	M	piece, sheet	两张中国地图
20.	光临	guānglín	V	to patronize (a shop, restaurant, etc.)	欢迎光临 谢谢光临

选用以上词语填空。Fill in the blanks with the words above.

Zhè jiā bīnguǎn de fángjiān, kěyǐ shàng wǎng .
(1) 这 家 宾馆 的 房间 ，可以 上 网（　　）。

Ànzhào , yīnggāi shí'èr diǎn tuì fáng.
(2) 按照（　　），应该 十二 点 退 房 。

Zhè jiā bīnguǎn bù néng shuā kǎ, zhǐ néng fù .
(3) 这 家 宾馆 不 能 刷 卡，只 能 付（　　）。

Tuì fáng de shíjiān shì shí'èr diǎn, dànshì kěyǐ bàn gè xiǎoshí.
(4) 退 房 的 时间 是 十二 点 ，但是 可以（　　）半 个 小时 。

三、语言点 Language point

结果补语 2 Result complements 2

下面再介绍几个常见的可以做结果补语的词：

Here are some more words commonly used as result complements:

zài 在	"在" + 地点 在 + place	Nǐ zhù zài nǎr? 你 住 在 哪儿？ Tā zuò zài nàr. 他 坐 在 那儿。
dào 到	"到" + 地点 / 时间 到 + place / time point	Cóng xuéxiào zǒudào nàr xūyào wǔ fēnzhōng. 从 学校 走到 那儿 需要 五 分钟。 Wǒ měi tiān xué Hànyǔ xuédào wǎnshang shí'èr diǎn. 我 每 天 学 汉语 学到 晚上 十二 点。
gěi 给	"给" + 人 给 + sb.	Tā sòng gěi nǐ yì běn shū. 他 送 给 你 一 本 书。 Tā jiè gěi wǒ yì běn shū. 他 借 给 我 一 本 书。

◎ 活动 Activity

看图选择相应的词或短语，然后仿照例子，两人一组，看图问答。

Choose the appropriate words or phrases for the pictures and work in pairs to make conversations following the example.

例 1：Example 1:

Tā zhàn zài nǎr?
A: 她 站 在 哪儿？

Tā zhàn zài gōngjiāochēzhàn pángbiān.
B: 她 站 在 公交车站 旁边（side）。

zhàn 站（to stand） gōngjiāochēzhàn 公交车站

A. 住 107 房间 (zhù 107 fángjiān)　B. 坐 飞机 上 (zuò fēijī shang)　C. 放 电脑 上 (fàng diànnǎo shang)　D. 写 手 上 (xiě shǒu shang)

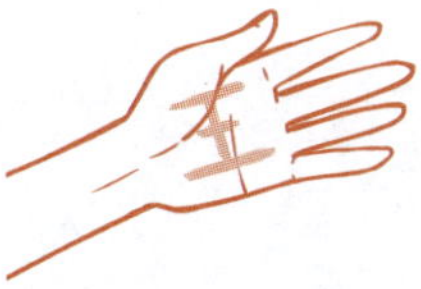

（1）________ （2）________ （3）________ （4）________

例 2：Example 2：

Nǚ de sòng gěi nán de shénme?
A: 女的送给男的什么？

Nǚ de sòng gěi nán de lǐwù.
B: 女的送给男的礼物。

sòng lǐwù
送 礼物

jiè shū	huán bāo	mài xīguā	xiě shǒujī hàomǎ
A. 借书	B. 还包	C. 卖西瓜	D. 写手机号码

（1）________　　（2）________　　（3）________　　（4）________

例 3：Example 3：

Tā lā èrhú lādào jǐ diǎn?
A: 他拉二胡拉到几点？

Tā lā èrhú lādào 10 diǎn.
B: 他拉二胡拉到 10 点。

lā èrhú
拉 二胡

shàng kè	xiūxi	shàng wǎng	xué kèwén
A. 上课	B. 休息	C. 上网	D. 学课文

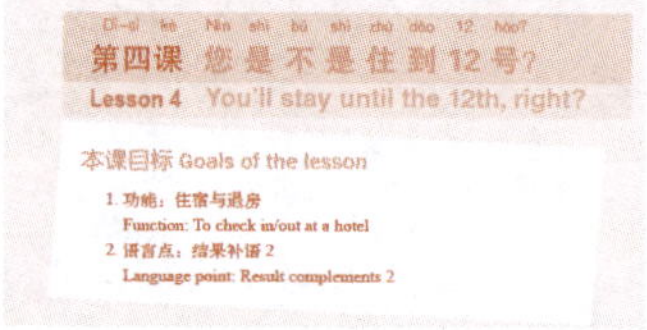

（1）________　　（2）________　　（3）________　　（4）________

四、课文（一） Text (1)

04-1

听第一遍录音，判断对错。Listen to the recording and decide whether the statements are true or false.

Ōuwén zǎo jiù dǎ diànhuà yùdìng hǎole fángjiān.
（1）欧文 早 就 打 电话 预订 好了 房间。（ ）

Rùzhù bīnguǎn shí， yào fù yājīn.
（2）入住 宾馆 时，要 付 押金。（ ）

Zài bīnguǎn shàng wǎng bù xūyào mìmǎ.
（3）在 宾馆 上 网 不 需要 密码。（ ）

Fángjiān de zhuōzi shang yǒu zǎocānquàn.
（4）房间 的 桌子 上 有 早餐券。（ ）

听第二遍录音，回答问题。Listen to the recording again and answer the questions.

Ōuwén yùdìngle shénme fángjiān?
（1）欧文 预订了 什么 房间？

Ōuwén shì jǐ hào rùzhù de?
（2）欧文 是 几 号 入住 的？

Cāntīng kāidào jǐ diǎn?
（3）餐厅 开到 几 点？

Ōuwén yào zuò diàntī zuòdào jǐ lóu qù zìjǐ de fángjiān?
（4）欧文 要 坐 电梯 坐到 几 楼 去 自己 的 房间？

分角色朗读课文。Role-play the dialogue.

Ōuwén láidào yì jiā bīnguǎn.
（欧文 来到 一 家 宾馆。）
(Owen comes to a hotel.)

fúwùyuán: Nín hǎo, huānyíng rùzhù. Qǐngwèn, nín yùdìng fángjiān le ma?
服务员：您 好，欢迎 入住。请问，您 预订 房间 了 吗？

Ōuwén: Wǒ zài wǎng shang yùdìngle yí gè dài zǎocān de dānrénjiān, wǒ
欧文：我 在 网 上 预订了 一 个 带 早餐 的 单人间，我

jiào Ōuwén.
叫欧文。

fúwùyuán: Ōuwén xiānsheng, nín shì bú shì zhùdào 12 hào
服务员：欧文先生，您是不是住到12号？

Ōuwén: Shìde, yígòng zhù sān gè wǎnshang.
欧文：是的，一共住三个晚上。

fúwùyuán: Bù hǎoyìsi, nín xūyào fù wǔbǎi kuài qián yājīn.
服务员：不好意思，您需要付五百块钱押金。

Ōuwén: Xíng, gěi nín wǔbǎi kuài qián.
欧文：行，给您五百块钱。

fúwùyuán: Zhè shì yājīn shōujù, qǐng shōuhǎo, tuì fáng de shíhou qǐng ná guolai.
服务员：这是押金收据，请收好，退房的时候请拿过来。

Ōuwén: Bīnguǎn kěyǐ miǎn fèi shàng wǎng ba? Wifi mìmǎ qǐng xiě gěi wǒ ba.
欧文：宾馆可以免费上网吧？Wifi密码请写给我吧。

fúwùyuán: Mìmǎ fàng zài fángjiān de zhuōzi shang le.
服务员：密码放在房间的桌子上了。

Ōuwén: Chī zǎofàn xūyào zǎocānquàn ma?
欧文：吃早饭需要早餐券吗？

fúwùyuán: Xūyào. Cāntīng huì kāidào zǎoshang 9 diǎn bàn. Zhè shì nín de ménkǎ hé zǎocānquàn. Nín de fángjiān zài 9 lóu, zuò zuǒbian de diàntī shàngqu.
服务员：需要。餐厅会开到早上9点半。这是您的门卡和早餐券。您的房间在9楼，坐左边的电梯上去。

Ōuwén: Xièxie!
欧文：谢谢！

五、课文（二）Text (2)

04-2

听录音，回答问题。Listen to the recording and answer the questions.

Tuì fáng shíjiān kěyǐ yáncháng dào jǐ diǎn?
（1）退房 时间 可以 延长 到 几 点？

Ōuwén shì fù xiànjīn háishi shuā kǎ?
（2）欧文 是 付 现金 还是 刷 卡？

Ōuwén fùle duōshao qián?
（3）欧文 付了 多少 钱？

Ōuwén zǒudào dìtiězhàn xūyào duō cháng shíjiān?
（4）欧文 走到 地铁站 需要 多 长 时间？

分角色朗读课文。Role-play the dialogue.

Ōuwén: Nín hǎo, wǒ shì zhù zài 905 fángjiān de Ōuwén. Qǐngwèn jǐ diǎn yǐqián tuì fáng?
欧文：您好，我是住在905房间的欧文。请问几点以前退房？

fúwùyuán: Ànzhào guīdìng, yīnggāi 12 diǎn yǐqián tuì fáng.
服务员：按照规定，应该12点以前退房。

Ōuwén: Kěyǐ yáncháng yíhuìr ma?
欧文：可以延长一会儿吗？

fúwùyuán: Kěyǐ yáncháng dào 1 diǎn, 1 diǎn yǐhòu jiù bù xíng le.
服务员：可以延长到1点，1点以后就不行了。

1 diǎnzhōng, Ōuwén láidào fúwùtái tuì fáng.
（1点钟，欧文来到服务台退房。）
(Owen is at the front desk checking out at 1 p.m.)

fúwùyuán: Xiānsheng, nín de fángjiān hàomǎ shì duōshao?
服务员：先生，您的房间号码是多少？

Ōuwén: 905.
欧文：905。

fúwùyuán: Nín shì fù xiànjīn háishi shuā kǎ?
服务员：您是付现金还是刷卡？

Ōuwén: Fù xiànjīn. Duōshao qián?
欧文：付现金。多少钱？

fúwùyuán: Yígòng jiǔbǎi sānshí kuài, nín yǒu wǔbǎi kuài yājīn, fù sìbǎi sānshí kuài jiù kěyǐ. Yājīn de shōujù ne?
服务员：一共九百三十块，您有五百块押金，付四百三十块就可以。押金的收据呢？

Ōuwén: Zhè shì shōujù, huán gěi nǐ. Duì le, fùjìn yǒu méiyǒu dìtiězhàn?
欧文：这是收据，还给你。对了，附近有没有地铁站？

fúwùyuán: Yǒu. Zhè shì bīnguǎn fùjìn de dìtú. Nín kàn, cóng zhèli zǒudào dìtiězhàn zhǐ yào wǔ fēnzhōng.
服务员：有。这是宾馆附近的地图。您看，从这里走到地铁站只要五分钟。

Ōuwén: Zhè zhāng dìtú hěn yǒu bāngzhù. kěyǐ sòng gěi wǒ ma?
欧文：这张地图很有帮助，可以送给我吗？

fúwùyuán: Dāngrán kěyǐ, gěi nín.
服务员：当然可以，给您。

Ōuwén: Xièxie nǐmen rèqíng de fúwù!
欧文：谢谢你们热情的服务！

fúwùyuán: Xièxie guānglín, huānyíng zài lái!
服务员：谢谢光临，欢迎再来！

六、活动 Activity

角色扮演：Role-play:

角色：A 是宾馆服务员，B 是客人。

Roles: A is a hotel attendant, and B is a guest.

情景：在宾馆，客人先办入住手续，后办退房手续。

Scenario: In a hotel, the guest checks in and checks out.

完成对话后轮换，继续同样活动。

Swap roles and continue.

七、拓展练习 Extended exercises

听力练习 Listening 04-3

1. 听第一遍录音，判断对错。

Listen to the recording and decide whether the statements are true or false.

Jīn Měijīng qǐng péngyou yùdìng bīnguǎn.
(1) 金 美京 请 朋友 预订 宾馆。 ( )

Bīnguǎn kěyǐ miǎn fèi jiè gěi Jīn Měijīng de péngyou zìxíngchē.
(2) 宾馆 可以 免 费 借 给 金 美京 的 朋友 自行车。 ( )

Jīn Měijīng gēn péngyou liù nián méiyǒu jiànguo miàn le.
(3) 金 美京 跟 朋友 六 年 没有 见过 面 了。 ( )

Jīn Měijīng hòutiān búyòng shàng kè.
(4) 金 美京 后天 不用 上 课。 ( )

2. 听第二遍录音，选择正确答案。

Listen to the recording again and choose the correct answers.

Jīn Měijīng de péngyou zài Zhōngguó lǚxíng dào jǐ hào?
(1) 金 美京 的 朋友 在 中国 旅行 到 几 号？

A. 10 hào 10 号　B. 21 hào 21 号　C. 28 hào 28 号

Jīn Měijīng de péngyou zhù zài nǎr?
(2) 金 美京 的 朋友 住 在 哪儿？

A. xuéxiào fùjìn de bīnguǎn 学校 附近 的 宾馆　B. xuéxiào li de bīnguǎn 学校 里 的 宾馆　C. tóngxué de sùshè 同学 的 宿舍

Jīn Měijīng shì jǐ diǎn huí sùshè de?
(3) 金 美京 是 几 点 回 宿舍 的？

A. zǎoshang liù diǎn 早上 六 点　B. xiàwǔ yī diǎn 下午 一 点　C. wǎnshang shí'èr diǎn 晚上 十二 点

Zhōngqiū Jié shì jǐ hào?
(4) 中秋 节 是 几 号？

A. 21 hào 21 号　B. 22 hào 22 号　C. 23 hào 23 号

阅读练习 Reading

bīnguǎn yùdìng

欧文住的（ ）可以在网上（ ），入住时需要付押金，退房的时候需要带好押金的收据。入住以后可以免费上网，但需要密码。密码放（ zài ）房间的桌子上。欧文预订的房间带早餐，早上餐厅开（ dào ）九点半。（ Ànzhào ）规定，应该十二点以前退房，但是服务台说可以延长到下午一点。那儿离地铁站很近，走过去只要五分钟。

1. 根据拼音，在短文的括号里填上正确的汉字。

Fill in the blanks in the passage with characters according to the *pinyin*.

2. 根据短文内容连线。

Refer to the passage above and match the two parts of the sentences.

tuì fáng shí dàihǎo 退 房 时 带好	zhuōzi shang 桌子 上
mìmǎ fàng zài 密码 放 在	xiàwǔ yī diǎn 下午 一 点
cāntīng kāidào 餐厅 开到	yào wǔ fēnzhōng 要 五 分钟
tuì fáng de shíjiān kěyǐ yáncháng dào 退 房 的 时间 可以 延长 到	yājīn de shōujù 押金 的 收据
cóng bīnguǎn zǒudào dìtiězhàn 从 宾馆 走到 地铁站	jiǔ diǎn bàn 九 点 半

3. 选词填空。

Choose the right words to complete the sentences.

A. 给 gěi　B. 到 dào　C. 在 zài　D. 完 wán　E. 好 hǎo

Wǒ xiǎng sòng ______ tā yí jiàn lǐwù.
（1）我想送 ______ 他一件礼物。

Zuòyè zhème duō! xiě ______ míngtiān yě xiě bù ______.
（2）作业（homework）这么多！写 ______ 明天也写不 ______。

Nǐ zhù ________ nǎr?
(3) 你住________哪儿？

Shuì jiào yǐqián, qǐng guān ________ mén.
(4) 睡觉以前，请关________门。

Cóng zhèr zǒu ________ yínháng, yào duō cháng shíjiān?
(5) 从这儿走________银行，要多长时间？

想想本课你学到了哪些有用的词语和句子，写在下面。

Think about the useful words and sentences you have learned in this lesson and write them down below.

词语：Words:

句子：Sentences:

Dì-wǔ kè Měi tiān dōu kàn de dào měijǐng

第五课 每天都看得到美景

Lesson 5 You can have a good view every day

本课目标 Goals of the lesson

1. 功能：租借住房
   Function: To rent a house
2. 语言点：可能补语
   Language point: Potential complements

一、热身 Warm-up

回答问题：Answer the questions:

1. 你在中国的房子，是买的还是租的？
   Do you own or rent your home in China?

2. 如果你的房子是租的，一个月多少钱？有几个房间？房间里有什么？
   If you rent, how much do you pay each month? How many bedrooms are there? What do you have inside each room?

二、词语 New words

1.	租	zū	V	to rent	
2.	房租	fángzū	N	rent (for a house, apartment, etc.)	
3.	室	shì	N	bedroom	
4.	厅	tīng	N	living room	两室一厅

5.	以上	yǐshàng	N	above	五块钱以上 三天以上
6.	房子	fángzi	N	house	
7.	套	tào	M	set, suite	一套房子
8.	家具	jiājù	N	furniture	一套家具
9.	家用电器	jiāyòng diànqì		household electrical appliances	
10.	陪	péi	V	to accompany	我陪你去
11.	房产	fángchǎn	N	house property	房产公司
12.	合同	hétong	N	contract	
13.	刚才	gāngcái	N	just now	
14.	电冰箱	diànbīngxiāng	N	refrigerator	
15.	洗衣机	xǐyījī	N	washing machine	
16.	空调	kōngtiáo	N	air conditioner	
17.	旧	jiù	A	old, used	旧书 旧家具
18.	美景	měijǐng	N	fine view	
19.	签	qiān	V	to sign	签合同
20.	不过	búguò	Conj	but	

选用以上词语填空。Fill in the blanks with the words above.

Zhèr de hěn guì, sān shì yì tīng yí gè yuè yào 8000 kuài.
(1)这儿的(　　)很贵，三室一厅一个月要8000块。

Wǒmen qù diàn mǎile zhuōzi.
(2)我们去(　　)店买了桌子。

Tā Hànyǔ bù hǎo, wǒ tā qù diànqìdiàn mǎi xǐyījī.
(3)他汉语不好，我(　　)他去电器店买洗衣机。

Zū fángzi de shíhou, xūyào hétong.
(4)租房子的时候，需要(　　)合同。

三、语言点 Language point

可能补语 Potential complements

可能补语主要表示是否有可能出现动作的结果或状态的改变。结构为：谓语动词 + “得 / 不” + 结果 / 趋向补语。例如：

A potential complement indicates the possibility whether an action can achieve a result or reach some state. The structure is: V + 得 / 不 + result/directional complement. For example:

谓语动词 + “得” + 结果补语 V + 得 + Result complement	谓语动词 + “得” + 趋向补语 V + 得 + Directional complement
tīng de dǒng 听得懂	fàng de jìn qù 放得进（去）
mǎi de dào 买得到	ná de chū lái 拿得出（来）
kàn de qīngchu 看得清楚	chī de xià qù 吃得下（去）
chī de wán 吃得完	jìn de qù 进得去

还有一种可能补语结构为：谓语动词 + “得 / 不” + 了（liǎo）。如“去得了”“去不了”。下表是几种可能补语的肯定、否定和疑问形式。

Another form of the potential complement is: V + 得 / 不 + 了 (liǎo), such as “去得了” and “去不了”. The following are the affirmative, negative and interrogative forms of some potential complements.

肯定形式 Affirmative	否定形式 Negative	疑问形式 Question
kàn de dǒng 看得懂	kàn bù dǒng 看不懂	kàn de dǒng kàn bù dǒng kàn de dǒng ma 看得懂看不懂 / 看得懂吗
mǎi de qǐ 买得起	mǎi bù qǐ 买不起	mǎi de qǐ mǎi bù qǐ mǎi de qǐ ma 买得起买不起 / 买得起吗
tīng de jiàn 听得见	tīng bú jiàn 听不见	tīng de jiàn tīng bú jiàn tīng de jiàn ma 听得见听不见 / 听得见吗
hē de wán 喝得完	hē bù wán 喝不完	hē de wán hē bù wán hē de wán ma 喝得完喝不完 / 喝得完吗
fàng de xià 放得下	fàng bú xià 放不下	fàng de xià fàng bú xià fàng de xià ma 放得下放不下 / 放得下吗

chī de xià 吃得下	chī bú xià 吃不下	chī de xià chī bú xià chī de xià ma 吃得下吃不下/吃得下吗
huí de qù 回得去	huí bú qù 回不去	huí de qù huí bú qù huí de qù ma 回得去回不去/回得去吗
qù de liǎo 去得了	qù bù liǎo 去不了	qù de liǎo qù bù liǎo qù de liǎo ma 去得了去不了/去得了吗

例如：For example:

Tā Hànyǔ hěn hǎo, tīng de dǒng nǐ de jièshào.
他汉语很好，听得懂你的介绍。

Zài Běijīng hé Shànghǎi de dòngwùyuán kàn de dào xióngmáo.
在北京和上海的动物园看得到熊猫。

Zhèli de dōngxi tài guì le, wǒ mǎi bù qǐ.
这里的东西太贵了，我买不起。

Zhème duō shū, fángjiān li fàng de xià fàng bú xià?
这么多书，房间里放得下放不下？

◎ 活动 Activity

看图选择相应的词或短语，然后仿照例子，两人一组，看图问答。

Choose the appropriate words or phrases for the pictures and work in pairs to make conversations following the example.

例：For example:

zuò shàng
坐 上

Tā zuò de shàng chē ma?
A: 她坐得上车吗？

Tā zuò bú shàng chē.
B: 她坐不上车。

chī xià miàntiáor
A. 吃 下 面条儿 (noodles)

kàn qīngchu zì
B. 看 清楚 字

pá shàngqù
C. 爬 上去

zǒu kuài
D. 走 快

děng dào chūzūchē
E. 等 到 出租车

chuān jìnqù xiézi
F. 穿 进去 鞋子 (shoes)

kàn dào shān
G. 看 到 山

fàng jìn lǚxíngxiāng
H. 放 进 旅行箱

ná dào dàngāo
I. 拿 到 蛋糕

shàng liǎo kè
J. 上 了 课

(1)________

(2)________

(3)________

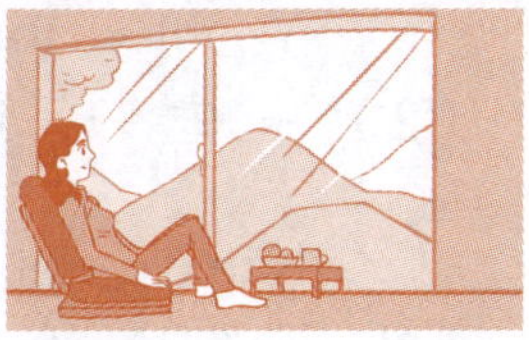

(4)________

(5)________

(6)________

(7)________

(8)________

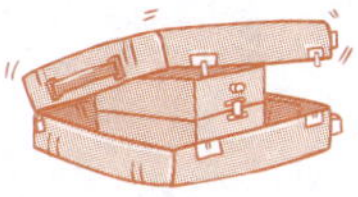

(9)________

(10)________

四、课文（一）Text (1)

05-1

听第一遍录音，判断对错。Listen to the recording and decide whether the statements are true or false.

Wǔqiān kuài qián zài xuéxiào fùjìn zū de dào liǎng shì yì tīng.
(1) 五千块钱在学校附近租得到两室一厅。 (　　)

Kǎmǎlā zū de qǐ liǎng shì yì tīng.
(2) 卡玛拉租得起两室一厅。 (　　)

Kǎmǎlā xiǎng zū jiājù hé jiāyòng diànqì.
(3) 卡玛拉想租家具和家用电器。 (　　)

Míngtiān shàngwǔ Kǎmǎlā qù de liǎo fángchǎn gōngsī.
(4) 明天上午卡玛拉去得了房产公司。 (　　)

听第二遍录音，回答问题。Listen to the recording again and answer the questions.

Kǎmǎlā hé Xiǎomíng zài shuō shénme?
(1) 卡玛拉和小明在说什么？

Yí shì yì tīng yí gè yuè de fángzū shì duōshao?
（2）一室一厅一个月的房租是多少？

Kǎmǎlā wèi shénme ràng Xiǎomíng péi tā qù fángchǎn gōngsī?
（3）卡玛拉为什么让小明陪她去房产公司？

Kǎmǎlā míngtiān xiàwǔ néng qù fángchǎn gōngsī ma?
（4）卡玛拉明天下午能去房产公司吗？

分角色朗读课文。Role-play the dialogue.

Kǎmǎlā: Xiǎomíng, sìqiān wǔbǎi kuài zài xuéxiào fùjìn zū de dào liǎng shì yì tīng ma?
卡玛拉：小明，四千五百块在学校附近租得到两室一厅吗？

Gāo Xiǎomíng: Liǎng shì yì tīng yào liùqiān yǐshàng.
高小明：两室一厅要六千以上。

Kǎmǎlā: Fángzū zhème guì a, zū bù qǐ. Yí shì yì tīng yí gè yuè yào duōshao qián?
卡玛拉：房租这么贵啊，租不起。一室一厅一个月要多少钱？

Gāo Xiǎomíng: Sānqiān wǔbǎi kuài zuǒyòu. Kǎmǎlā, nǐ xiǎng zū fángzi?
高小明：三千五百块左右。卡玛拉，你想租房子？

Kǎmǎlā: Duì, wǒ xiǎng zū yí tào yǒu jiājù hé jiāyòng diànqì de fángzi.
卡玛拉：对，我想租一套有家具和家用电器的房子。

Gāo Xiǎomíng: Fángzi li yìbān dōu yǒu jiājù hé jiāyòng diànqì.
高小明：房子里一般都有家具和家用电器。

Kǎmǎlā: Nǐ néng péi wǒ qù fángchǎn gōngsī ma? Wǒ tīng bù dǒng tāmen shuō huà, yě kàn bù dǒng hétong.
卡玛拉：你能陪我去房产公司吗？我听不懂他们说话，也看不懂合同。

Gāo Xiǎomíng: Xuéxiào fùjìn jiù yǒu jiā fángchǎn gōngsī, míngtiān xiàwǔ yìqǐ
高小明：学校附近就有家房产公司，明天下午一起

qù kànkan ba.
去看看吧。

Kǎmǎlā: Míngtiān xiàwǔ wǒ yǒu kè, qù bù liǎo. Nǐ shàngwǔ fāngbiàn ma?
卡玛拉：明天下午我有课，去不了。你上午方便吗？

Gāo Xiǎomíng: Xíng, wǒ jiǔ diǎn zài xuéxiào ménkǒu děng nǐ.
高小明：行，我九点在学校门口等你。

五、课文（二）Text (2)

05-2

听录音，回答问题。Listen to the recording and answer the questions.

Fángchǎn gōngsī jièshào de fángzi li yǒu shénme jiāyòng diànqì?
（1）房产公司介绍的房子里有什么家用电器？

Fángchǎn gōngsī jièshào de fángzi wèi shénme kàn de dào měijǐng?
（2）房产公司介绍的房子为什么看得到美景？

Kǎmǎlā xiǎng shénme shíhou zhù jinqu?
（3）卡玛拉想什么时候住进去？

Kǎmǎlā gēn fángchǎn gōngsī qiānle hétong le ma?
（4）卡玛拉跟房产公司签了合同了吗？

分角色朗读课文。Role-play the dialogue.

Kǎmǎlā: Xiǎomíng, gāngcái fángchǎn gōngsī de rén jièshào de xiángxì ma?
卡玛拉：小明，刚才房产公司的人介绍得详细吗？

Gāo Xiǎomíng: Fēicháng xiángxì. Kǎmǎlā, nǐ méi tīngdǒng ma?
高小明：非常详细。卡玛拉，你没听懂吗？

Kǎmǎlā: Zhǐ tīngdǒngle yìdiǎnr. Shì bú shì yí gè yuè sānqiān liùbǎi kuài?
卡玛拉：只听懂了一点儿。是不是一个月三千六百块？

Gāo Xiǎomíng: Duì, jiājù shì xīn de, dànshì diànbīngxiāng, xǐyījī,
高小明：对，家具是新的，但是电冰箱、洗衣机、

kōngtiáo bǐjiào jiù.
空调 比较 旧。

Kǎmǎlā: Huánjìng zěnmeyàng?
卡玛拉：环境 怎么样？

Gāo Xiǎomíng: Jiù zài gōngyuán pángbiān, kōngqì xīnxiān, měi tiān dōu kàn de dào měijǐng.
高 小明：就 在 公园 旁边，空气 新鲜，每 天 都 看 得 到 美景。

Kǎmǎlā: Lí dìtiězhàn jìn ma? Shí fēnzhōng zǒu de dào ma?
卡玛拉：离 地铁站 近 吗？十 分钟 走 得 到 吗？

Gāo Xiǎomíng: Zǒu de dào, fēicháng jìn.
高 小明：走 得 到，非常 近。

Kǎmǎlā: Tīng dà ma? Wǒ cháng qǐng péngyou lái jiāli, qī-bā gè rén zuò de xià ma?
卡玛拉：厅 大 吗？我 常 请 朋友 来 家里，七八 个 人 坐 得 下 吗？

Gāo Xiǎomíng: Méi wèntí. Nǐ juéde mǎnyì ma?
高 小明：没 问题。你 觉得 满意 吗？

Kǎmǎlā: Fēicháng mǎnyì. Xià gè yuè 1 hào zhù de jìnqù ma?
卡玛拉：非常 满意。下 个 月 1 号 住 得 进去 吗？

Gāo Xiǎomíng: Zhù de jìnqù. Búguò, děi mǎshàng qiān hétong.
高 小明：住 得 进去。不过，得 马上 签 合同。

六、活动 Activity

角色扮演：Role-play:

角色：A 是房产公司的人，B 是租房子的客人。

Roles: A is a real estate agent, and B is a customer who wants to rent an apartment.

情景：B 想租一套两室一厅的房子，在房产公司询问 A。

Scenario: B wants to rent an apartment with two bedrooms and one living room and is asking A about it.

完成对话后轮换，继续同样活动。

Swap roles and continue.

七、拓展练习 Extended exercises

听力练习 Listening 05-3

1. 听第一遍录音，判断对错。

Listen to the recording and decide whether the statements are true or false.

Tāmen chūqu de shíhou tiānqì bú tài hǎo.
（1）他们 出去 的 时候 天气 不 太 好。（ ）

Xià yǔ yǐhòu, Ōuwén tāmen mǎshàng jiù jiàodàole chūzūchē.
（2）下 雨 以后，欧文 他们 马上 就 叫到了 出租车。（ ）

Péngyoumen ràng Ōuwén xiān huí jiā.
（3）朋友们 让 欧文 先 回 家。（ ）

Ōuwén wàngle dài qián.
（4）欧文 忘了 带 钱。（ ）

2. 听第二遍录音，选择正确答案。

Listen to the recording again and choose the correct answers.

Gāng xià yǔ de shíhou Ōuwén hé péngyoumen wèi shénme jiào bú dào chūzūchē?
（1）刚 下 雨 的 时候 欧文 和 朋友们 为 什么 叫 不 到 出租车？

yǔ tài dà
A. 雨 太 大

zuò bù qǐ chūzūchē
B. 坐 不 起 出租车

jiào chūzūchē de rén tài duō
C. 叫 出租车 的 人 太 多

Ōuwén wèi shénme méiyǒu gēn péngyoumen yìqǐ zuò chūzūchē?
（2）欧文 为 什么 没有 跟 朋友们 一起 坐 出租车？

rén tài duō
A. 人 太 多

Ōuwén gèzi tài gāo
B. 欧文 个子 太 高

péngyoumen bú ràng Ōuwén zuò
C. 朋友们 不 让 欧文 坐

Ōuwén wèi shénme dān xīn huí bú qù?
（3）欧文 为 什么 担 心 回 不 去？

qián tài shǎo
A. 钱 太 少

chē li zuò bú xià
B. 车 里 坐 不 下

yǔ tài dà, qìchē kāi bù liǎo
C. 雨 太 大，汽车 开 不 了

Ōuwén wèi shénme zhù bù liǎo bīnguǎn?
（4）欧文 为 什么 住 不 了 宾馆？

méiyǒu qián
A. 没有 钱

dài de qián tài shǎo
B. 带 的 钱 太 少

bīnguǎn zhù bú xià
C. 宾馆 住 不 下

阅读练习 Reading

卡玛拉想（zū　　）一套房子，小明（péi　　）她去了房产公司。她想租两室一厅，房产公司告诉她两室一厅一个月要五千块以上。卡玛拉觉得租不起，准备租一室一厅。房产公司给她介绍了三套房子：一套有新家具和家用电器，每月四千五百块；一套家具比较（jiù　　），每月三千七百块；还有一套电器比较旧，每月四千块。卡玛拉想租带新家具的那套。她看不懂（hétong　　），小明用英语告诉她意思，她说都没有问题，现在就能（qiān　　）合同。

1. 根据拼音，在短文的括号里填上正确的汉字。

Fill in the blanks in the passage with characters according to the *pinyin*.

2. 根据短文内容连线。

Refer to the passage above and match the two parts of the sentences.

liǎng shì yì tīng 两 室 一 厅	sìqiān kuài 四千 块
jiājù bǐjiào jiù de yí shì yì tīng 家具 比较 旧 的 一 室 一 厅	sānqiān qībǎi kuài 三千 七百 块
jiājù hěn xīn de yí shì yì tīng 家具 很 新 的 一 室 一 厅	wǔqiān kuài yǐshàng 五千 块 以上
diànqì bǐjiào jiù de yí shì yì tīng 电器 比较 旧 的 一 室 一 厅	sìqiān wǔbǎi kuài 四千 五百 块

3. 选词填空。

Choose the right words to complete the sentences.

A. 清楚 (qīngchu)　B. 懂 (dǒng)　C. 到 (dào)　D. 起 (qǐ)　E. 完 (wán)　F. 了 (liǎo)

Wǒ kàn bù (　　) nǐ xiě de xìn, hěn duō Hànzì wǒ méiyǒu xuéguo.

(1) 我 看 不(　　)你 写 的 信， 很 多 汉字 我 没有 学过。

Jīntiān xià dà yǔ, guā dà fēng, wǒ de yǔbàn lái bù le.
（2）今天下大雨，刮大风，我的语伴来不（   ）了。

Zhège chéngshì chángcháng jǐ gè yuè kàn bù tàiyáng.
（3）这个城市常常几个月看不（   ）太阳（sun）。

Zhè běn shū nǐ jīntiān kàn de ma?
（4）这本书你今天看得（   ）吗？

Nǐ xiě de zì tài xiǎo, wǒ kàn bù .
（5）你写的字太小，我看不（   ）。

Zhè yīfu tài guì le! Yí jiàn wǔqiān kuài qián, zhēn mǎi bù .
（6）这衣服太贵了！一件五千块钱，真买不（   ）。

想想本课你学到了哪些有用的词语和句子，写在下面。

Think about the useful words and sentences you have learned in this lesson and write them down below.

词语：Words:

句子：Sentences:

Dì-liù kè Hòumiàn zhànzhe de liǎng gè nǚháir shì shéi?

第六课 后面站着的两个女孩儿是谁?

Lesson 6 Who are the two girls standing behind?

本课目标 Goals of the lesson

1. 功能：描述人或物的状态
   Function: To describe the state of sb. or sth.
2. 语言点：Language points:
   （1）"动词＋着"的用法
   The usage of "V＋着"
   （2）使用"怎么"的反问句
   The rhetorical question with "怎么"

一、热身 Warm-up

回答问题：Answer the questions:

1. 你们有跟爸爸、妈妈一起拍的照片吗？带来了吗？可以给大家看看吗？照片上的人在干什么？

Do you have photos taken with your parents? Have you brought any with you? Could you show it in the classroom? What is each of you doing in the photo?

2. 你有跟朋友一起拍的照片吗？带来了吗？可以给大家看看吗？照片上的人在干什么？

Do you have photos taken with your friends? Have you brought any with you? Could you show it in the classroom? What is each of you doing in the photo?

二、词语 New words

1.	全家福	quánjiāfú	N	family photo	拍张全家福
2.	抽烟	chōu yān	VO	to smoke	
	烟	yān	N	cigarette	
3.	所以	suǒyǐ	Conj	so, therefore	
4.	站	zhàn	V	to stand	站在门口
5.	一模一样	yìmú-yíyàng		to be exactly the same	姐姐和妹妹长得一模一样。
6.	仔细	zǐxì	A	careful	
7.	戴	dài	V	to wear (gloves, glasses, etc.)	
8.	眼镜	yǎnjìng	N	eyeglasses, spectacles	戴眼镜
9.	裙子	qúnzi	N	skirt, dress	两条裙子 穿裙子
10.	沙发	shāfā	N	sofa	
11.	旁边	pángbiān	N	beside, side	
12.	小时候	xiǎoshíhou	N	childhood	
13.	猜	cāi	V	to guess	猜对　猜错
14.	花儿	huār	N	flower	
15.	开心	kāixīn	A	happy	
16.	笑	xiào	V	to smile, to laugh	
17.	巧克力	qiǎokèlì	N	chocolate	
18.	总是	zǒngshì	Adv	always	
19.	打扮	dǎban	N&V	dress, attire; to dress up	

选用以上词语填空。Fill in the blanks with the words above.

Nǐ kàn de hěn　　　　, zhège Hànzì xiěcuò le.
(1) 你 看 得 很 (　　)，这个 汉字 写错 了。

Tā hěn xǐhuan chàng gē, xiànzài bù xǐhuan le.
(2)她(　　)很喜欢唱歌，现在不喜欢了。

Nǐ yíxià wǒ de fángzū shì duōshao qián.
(3)你(　　)一下我的房租是多少钱。

Tā jīntiān gēn nánpéngyou jiàn miàn, de hěn piàoliang.
(4)她今天跟男朋友见面，(　　)得很漂亮。

三、语言点 Language points

"动词+着"的用法 The usage of "V+着"

"动词+着"表示行为动作或状态的持续。

"V+着" indicates the continuation of an action or a state.

例如：For example:

Wǒ zhànzhe, nǐmen zuòzhe.
我站着，你们坐着。

Tā jīntiān chuānzhe yí jiàn xīn yīfu.
他今天穿着一件新衣服。

Tā názhe yì běn shū.
他拿着一本书。

Fángjiān de mén kāizhe.
房间的门开着。

使用"怎么"的反问句 The rhetorical question with "怎么"

有时候一个形式上的疑问句并不表示疑问，而是用来强调，无须回答。这就是反问句。

Sometimes a question is not used to make any inquiry, but to express emphasis. Such questions that don't need an answer are called rhetorical questions.

例如：For example:

Kǎoshì kǎo de bù hǎo, zěnme huì gāoxìng ne? Dāngrán bù gāoxìng.
考试考得不好，怎么会高兴呢？(当然不高兴。)

Nǐ zěnme néng gàosu tā zhè jiàn shì ne? Nǐ dāngrán bù néng gàosu tā zhè jiàn shì.
你怎么能告诉他这件事呢？(你当然不能告诉他这件事。)

Tā zěnme huì bù zhīdào nǐ de míngzi ne? Tā dāngrán yīnggāi zhīdào nǐ de míngzi.
他怎么会不知道你的名字呢？(他当然应该知道你的名字。)

◎ 活动 Activity

看图选择相应的词或短语，然后仿照例子，两人一组，看图问答。

Choose the appropriate words or phrases for the pictures and work in pairs to make conversations following the example.

例 1：Example 1:

chuān qúnzi
穿 裙子

Tā chuānzhe shénme?
A: 她 穿着 什么 ？

Tā chuānzhe qúnzi.
B: 她 穿着 裙子。

ná shǒujī / chī bāozi / dài xíngli / hē niúnǎi / kàn diànnǎo

A. 拿 手机 B. 吃 包子 C. 带 行李（luggage） D. 喝 牛奶 E. 看 电脑

（1）________ （2）________ （3）________ （4）________ （5）________

例 2：Example 2:

kāi guān
开 关

Diànnǎo kāi zhe háishi guān zhe?
A: 电脑 开（to turn on）着 还是 关（to turn off）着？

Diànnǎo guānzhe.
B: 电脑 关着。

zhàn zuò / tǎng zuò / guān kāi / guà tiē

A. 站 坐 B. 躺（to lie）坐 C. 关 开 D. 挂（to hang）贴

   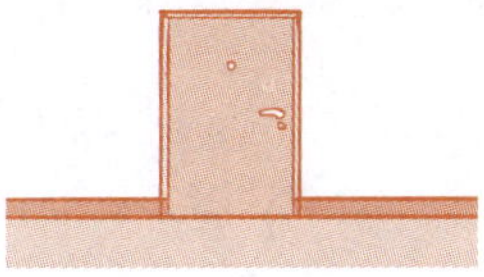

（1）________ （2）________ （3）________ （4）________

例 3：Example 3:

ná de dào
拿 得 到

Tā ná de dào ma?
A: 他 拿 得 到 吗？

Tā zěnme ná bú dào ne?
B: 他 怎么 拿 不 到 呢？

shàng de qù / tóu de jìnqù / pǎo de kuài / huì qí chē / kěyǐ chōu yān

A. 上 得去 B. 投 得 进去 C. 跑 得 快 D. 会 骑 车 E. 可以 抽 烟

（1）________ （2）________ （3）________ （4）________ （5）________

四、课文（一）Text (1)

06-1

听第一遍录音，判断对错。Listen to the recording and decide whether the statements are true or false.

Gāo Xiǎomíng zài pāi zhàopiàn.
（1）高 小明 在 拍 照片。 （ ）

Bàba hé māma zài háizi de qiánmiàn.
（2）爸爸 和 妈妈 在 孩子 的 前面。 （ ）

Hǎilún cāiduìle shéi shì jiějie, shéi shì mèimei.
（3）海伦 猜对了 谁 是 姐姐，谁 是 妹妹。 （ ）

Zhàopiàn shang yígòng yǒu liù gè rén.
（4）照片 上 一共 有 六 个 人。 （ ）

听第二遍录音，回答问题。Listen to the recording again and answer the questions.

Gāo Xiǎomíng de quánjiāfú shì shénme shíhou pāi de?
（1）高 小明 的 全家福 是 什么 时候 拍 的？

Gāo Xiǎomíng de bàba bǐ māma dà jǐ suì?
（2）高 小明 的 爸爸 比 妈妈 大 几 岁？

Zhàopiàn shang shéi chuānzhe qúnzi?
（3）照片 上 谁 穿着 裙子？

Gāo Xiǎomíng ràng Hǎilún míngtiān dài shénme?
（4）高 小明 让 海伦 明天 带 什么？

分角色朗读课文。Role-play the dialogue.

Hǎilún: Gāo Xiǎomíng, nǐ názhe shénme?
海伦：高小明，你拿着什么？

Gāo Xiǎomíng: Yǐqián pāi de quánjiāfú. Nǐ kàn, zhè shì wǒ de bàba hé māma. Wǒ bàba xǐhuan chōu yān, suǒyǐ tā názhe yān.
高小明：以前拍的全家福。你看，这是我的爸爸和妈妈。我爸爸喜欢抽烟，所以他拿着烟。

Hǎilún: Nǐ māma bǐ bàba niánqīng duō le.
海伦：你妈妈比爸爸年轻多了。

Gāo Xiǎomíng: Duì, wǒ māma bǐ bàba xiǎo liù suì.
高小明：对，我妈妈比爸爸小六岁。

Hǎilún: Hòumiàn zhànzhe de liǎng gè nǚháir shì shéi?
海伦：后面站着的两个女孩儿是谁？

Gāo Xiǎomíng: Yí gè shì wǒ jiějie, yí gè shì wǒ mèimei. Nǐ cāicai nǎge shì jiějie?
高小明：一个是我姐姐，一个是我妹妹。你猜猜哪个是姐姐？

Hǎilún: Liǎng gè rén yìmú-yíyàng, wǒ zěnme cāi de dào?
海伦：两个人一模一样，我怎么猜得到？

Gāo Xiǎomíng: Zěnme huì yìmú-yíyàng? Nǐ zài zǐxì de kànkan.
高小明：怎么会一模一样？你再仔细地看看。

Hǎilún: Ò! Dài yǎnjìng de shì jiějie, chuān qúnzi de shì mèimei,
海伦：哦！戴眼镜的是姐姐，穿裙子的是妹妹，

duì ma?
对吗?

Gāo Xiǎomíng: Cāiduì le! Hǎilún, kěyǐ kànkan nǐ de quánjiāfú ma?
高小明: 猜对了! 海伦, 可以看看你的全家福吗?

Hǎilún: Xíng, wǒ míngtiān yídìng dàilai.
海伦: 行, 我明天一定带来。

五、课文(二) Text (2)

06-2

听录音,回答问题。Listen to the recording and answer the questions.

Liǎng gè dàren zuò zài nǎr?
(1) 两个大人坐在哪儿?

Zhàopiàn shang de Hǎilún názhe shénme?
(2) 照片上的海伦拿着什么?

Jǐ gè háizi zhàn zài shāfā hòumiàn?
(3) 几个孩子站在沙发后面?

Xiǎoshíhou de Hǎilún shì shénme yàngzi de?
(4) 小时候的海伦是什么样子的?

分角色朗读课文。Role-play the dialogue.

Gāo Xiǎomíng: Hǎilún, nǐ de quánjiāfú dàilaile ma?
高小明: 海伦, 你的全家福带来了吗?

Hǎilún: Dàilai le, zài wǒ de shǒujī li. Nǐ kànkan.
海伦: 带来了, 在我的手机里。你看看。

Gāo Xiǎomíng: Nǐ de bàba hé māma zài shāfā shang zuòzhe, liǎng gè háizi yí gè zài shāfā hòumiàn zhànzhe, yí gè zài māma pángbiān zuòzhe. Zhè zhāng quánjiāfú shénme shíhou pāi de?
高小明: 你的爸爸和妈妈在沙发上坐着, 两个孩子一个在沙发后面站着, 一个在妈妈旁边坐着。这张全家福什么时候拍的?

Hǎilún: Shì wǒ xiǎoshíhou pāi de. Gāo Xiǎomíng, nǐ cāicai nǎge shì wǒ?
海伦：是我小时候拍的。高小明，你猜猜哪个是我？

Gāo Xiǎomíng: Nǐ zuò zài māma pángbiān, názhe huār, kāixīn de xiàozhe, duì bú duì?
高小明：你坐在妈妈旁边，拿着花儿，开心地笑着，对不对？

Hǎilún: Bú duì, wǒ názhe qiǎokèlì.
海伦：不对，我拿着巧克力。

Gāo Xiǎomíng: Ò! Nàge zhànzhe de háizi shì nǐ, zěnme gēn nánháizi yìmú-yíyàng!
高小明：哦！那个站着的孩子是你，怎么跟男孩子一模一样！

Hǎilún: Duì, xiǎoshíhou wǒ zǒngshì dǎban de gēn nánháizi yíyàng.
海伦：对，小时候我总是打扮得跟男孩子一样。

Gāo Xiǎomíng: Nà wǒ zěnme cāi de dào?
高小明：那我怎么猜得到？

六、活动 Activity

两人一组，一人提问，一人回答，描述照片。五分钟后轮换，继续同样活动。

Work in pairs to describe the photos, one asking questions and the other answering them. Swap roles after five minutes and continue.

七、拓展练习 Extended exercises

听力练习 Listening 06-3

1. 听第一遍录音，判断对错。

Listen to the recording and decide whether the statements are true or false.

Wǒ jìn Ōuwén fángjiān de shíhou, dàjiā dōu zuòzhe.
（1）我 进 欧文 房间 的 时候，大家 都 坐着。 （ ）

Dàngāo shì wǒ hé Hǎilún yìqǐ mǎi de.
（2）蛋糕 是 我 和 海伦 一起 买 的。 （ ）

Ōuwén gěi dàngāo pāile zhàopiàn.
（3）欧文 给 蛋糕 拍了 照片。 （ ）

Kǎmǎlā chàngle liǎng cì "zhù nǐ shēngrì kuàilè" de gē.
（4）卡玛拉 唱了 两 次"祝 你 生日 快乐"的 歌。 （ ）

2. 听第二遍录音，选择正确答案。

Listen to the recording again and choose the correct answers.

Wǒ qù Ōuwén de fángjiān qù de zǎo ma?
（1）我 去 欧文 的 房间 去 得 早 吗？

bǐjiào wǎn / hěn zǎo / bǐjiào zǎo
A. 比较 晚　B. 很 早　C. 比较 早

Dàngāo zài nǎr fàngzhe?
（2）蛋糕 在 哪儿 放着？

zhàopiàn shang / zhuōzi shang / lǐwù shang
A. 照片 上　B. 桌子 上　C. 礼物 上

Shéi názhe dàngāo pāi zhàopiàn le?
（3）谁 拿着 蛋糕 拍 照片 了？

Hǎilún / Kǎmǎlā / Ōuwén
A. 海伦　B. 卡玛拉　C. 欧文

Dàngāo shang de zì shì shénme yǔ?
（4）蛋糕 上 的 字 是 什么 语？

Hànyǔ / Yīngyǔ / Hànyǔ hé Yīngyǔ
A. 汉语　B. 英语　C. 汉语 和 英语

阅读练习 Reading

这是我的全家（ fú ），来中国以前（ pāi ）的。前面坐着我的爸爸、妈妈。妈妈抱（bào）（to hold in the arms）着我哥哥一岁的女儿，爸爸抱着我哥哥三岁的儿子。孩子们（ xiào ）着，可爱极了。我、我哥哥和嫂嫂（sǎosao）（sister-in-law）（ zhàn ）在爸爸和妈妈的后面。哥哥拉（lā）（to hold）着嫂嫂的左手，嫂嫂的右手（ fàng ）在儿子头上。我在看手机，因为拍照的时候，手机响（xiǎng）（to ring）了，我看了一下。

1. 根据拼音，在短文的括号里填上正确的汉字。

Fill in the blanks in the passage with characters according to the *pinyin*.

2. 根据短文内容连线。

Refer to the passage above and match the persons with their actions.

bàba 爸爸	lāzhe zìjǐ àiren de shǒu 拉着自己爱人的手
māma 妈妈	bàozhe nǚháir 抱着女孩儿
wǒ 我	yòushǒu fàng zài háizi tóu shang 右手放在孩子头上
gēge 哥哥	bàozhe nánháir 抱着男孩儿
sǎosao 嫂嫂	názhe shǒujī 拿着手机

3. 选词填空。

Choose the right words to complete the sentences.

A. 过（guo）　B. 着（zhe）　C. 了（le）

（1）电脑一直（all the time）开________，你可以上网。
Diànnǎo yìzhí kāi ________, nǐ kěyǐ shàng wǎng.

Wǒ méi kàn ______ zhè běn shū, bù zhīdào hǎo bù hǎokàn.
（2）我没看______这本书，不知道好不好看。

Wǒ jìn fángjiān de shíhou, yǒude rén zhàn ______, yǒude rén zuò ______, dàjiā zài shuō huà.
（3）我进房间的时候，有的人站______，有的人坐______，大家在说话。

Tā qiántiān qù Rìběn ______, hái méiyǒu huílai.
（4）他前天去日本______，还没有回来。

Nǐ ná ______ shénme shū? Gěi wǒ kànkan.
（5）你拿______什么书？给我看看。

Wǒ děng ______ yíhuìr, tā méiyǒu lái, wǒ jiù huí jiā le.
（6）我等______一会儿，他没有来，我就回家了。

Xià kè ______, wǒmen qù nǎr chī wǔfàn?
（7）下课______，我们去哪儿吃午饭？

Wǒ rènshi nǐ, wǒmen yǐqián jiàn ______ miàn.
（8）我认识你，我们以前见______面。

想想本课你学到了哪些有用的词语和句子，写在下面。

Think about the useful words and sentences you have learned in this lesson and write them down below.

词语：Words:

句子：Sentences:

Dì-qī kè　Wǒ xiǎng bǎ měiyuán huànchéng rénmínbì

第七课　我想把美元换成人民币

Lesson 7　I want to exchange US dollars for RMB

本课目标 Goals of the lesson

1. 功能：办理银行业务
   Function: To get banking done
2. 语言点："把"字句 1
   Language point: The 把-sentence 1

一、热身 Warm-up

回答问题：Answer the questions:

1. 来中国以后，你去过中国的银行吗？去干什么？
   After coming to China, have you been to a bank? What did you go there for?

2. 在中国，你只有自己国家的钱，怎么办？
   While in China, what if you only hold the currency of your home country? What are you going to do?

二、词语 New words

1.	美元	měiyuán	N	US dollar	
2.	换	huàn	V	to change, to exchange	换钱　换车 换衣服
3.	成	chéng	V	to turn into	
4.	人民币	rénmínbì	N	RMB, the currency of China	美元换成人民币

5.	填（写）	tián(xiě)	V	to fill in (a form)	
6.	表（格）	biǎo(gé)	N	form	填（写）表格
7.	它	tā	Pron	it	
8.	翻译	fānyì	V&N	to translate; translator	
9.	汇率	huìlǜ	N	exchange rate	
10.	护照	hùzhào	N	passport	
11.	借记卡	jièjìkǎ	N	debit card	办借记卡
12.	信用卡	xìnyòngkǎ	N	credit card	刷信用卡
13.	地址	dìzhǐ	N	address	
14.	修改	xiūgǎi	V	to modify, to revise	修改简历
	改	gǎi	V	to change, to alter	
15.	手续费	shǒuxùfèi		handling fee	付手续费
	手续	shǒuxù	N	formalities	办手续
16.	糟糕	zāogāo	A	bad, awful	
17.	钱包	qiánbāo	N	wallet	
	包	bāo	N	bag	书包　电脑包
18.	存	cún	V	to save, to deposit in (an account)	存钱

选用以上词语填空。Fill in the blanks with the words above.

Qǐng biǎogé, zhùyì bú yào xiěcuò.
（1）请（　　）表格，注意（to be careful）不要写错。

Tā shuō Yīngyǔ, wǒ tīng bù dǒng, qǐng nǐ gěi wǒ yíxià.
（2）他说英语，我听不懂，请你给我（　　）一下。

Dìzhǐ xiěcuò le, xūyào yíxià.
（3）地址写错了，需要（　　）一下。

Wǒ de rénmínbì yòngwán le, wǒ děi qù yínháng qián.
（4）我的人民币用完了，我得去银行（　　）钱。

三、语言点 Language point

“把”字句 1 The 把-sentence 1

“把”字句表示对确定的对象实施某种行为，使之受到某种影响、产生某种变化。副词成分，例如“不”“没”“也”“已经”“快”等，放在“把”字前面。

This sentence pattern indicates that somebody does something to a definite object and the object is usually affected or changed to a certain extent. Adverbial elements (“不”, “没”, “也”, “已经”, “快”, etc.), if there is any, should be put before “把”.

“把”字句的句型如下：

The structure of the 把-sentence is:

主语 S		+ “把”	+ 宾语 + O (should be definite)	+ 谓语动词 + V	+ 其他 + Other elements
Nǐ 你	kuài 快	bǎ 把	mén 门	kāi 开	yíxià. 一下。
Tā 他	gānggāng 刚刚	bǎ 把	wǒ de kāfēi 我 的 咖啡	hē 喝	le. 了。
Nǐ 你	méi 没	bǎ 把	yínhángkǎ 银行卡	fàng 放	hǎo. 好。
Wǒmen 我们		bǎ 把	zhèxiē huār 这些 花儿	sòng 送	gěi lǎoshī ba. 给 老师 吧。

最后一项的“其他”可以是“一下”“了”、结果补语、“给＋人”等等。

The “other elements” could be “一下”, “了”, a result complement, or “给＋人” etc.

例如：For example:

Wǒ bǎ tā shuō de Yīngyǔ fānyì chéngle Hànyǔ.
我把他说的英语翻译成了汉语。

Tā bǎ zìjǐ de shǒujī hàomǎ xiěcuò le.
他把自己的手机号码写错了。

注意：Attention:

Wǒ bǎ yì běn shū mǎilai le.
我把<u>一本书</u>买来了。(×)

Wǒ bǎ nǐ yào de shū mǎilai le.
→我把<u>你要的书</u>买来了。(√)

Wǒ bǎ fàn méi chīwán.
我把饭没吃完。 (×)

Wǒ méi bǎ fàn chīwán.
→我没把饭吃完。 (√)

Nǐ bǎ zhè gǎnmàoyào chī.
你把这感冒药吃。 (×)

Nǐ bǎ zhè gǎnmàoyào chī le.
→你把这感冒药吃了。 (√)

◎ 活动 Activity

看图选择相应的词或短语，然后仿照例子，两人一组，看图问答。

Choose the appropriate words or phrases for the pictures and work in pairs to make conversations following the example.

例：For example:

huán qián
还钱

Nǚ de bǎ qián huán gěi nán de le ma?
A: 女的把钱还给男的了吗？

Nǚ de bǎ qián huán gěi nán de le.
B: 女的把钱还给男的了。

jiè gěi shū A. 借给书	sòng gěi dàngāo B. 送给蛋糕	chuānhǎo yīfu C. 穿好衣服	fànghǎo shū D. 放好书
dàilai hùzhào E. 带来护照	kànwán nà běn shū F. 看完那本书	mǎi xialai nà tiáo qúnzi G. 买下来那条裙子	chīwán wǎnfàn H. 吃完晚饭

(1)________

(2)________

(3)________

(4)________

(5)________

(6)________

(7)________

(8)________

四、课文（一）Text (1)

07-1

听第一遍录音，判断对错。Listen to the recording and decide whether the statements are true or false.

Hǎilún xiǎng zài yínháng huàn qián.
（1）海伦 想 在 银行 换 钱。 （　　）

Huàn qián yǐqián, yīnggāi tiánxiě biǎogé.
（2）换 钱 以前，应该 填写 表格。 （　　）

Nán de néng bǎ biǎogé fānyì chéng Yīngyǔ.
（3）男 的 能 把 表格 翻译 成 英语。 （　　）

Hǎilún hái xūyào lái yí cì yínháng.
（4）海伦 还 需要 来 一 次 银行。 （　　）

听第二遍录音，回答问题。Listen to the recording again and answer the questions.

Huàn qián yǐqián, nán de ràng Hǎilún gàn shénme?
（1）换 钱 以前，男 的 让 海伦 干 什么？

Hǎilún huànhǎo qián yǐhòu, kěyǐ yǒu duōshao rénmínbì?
（2）海伦 换好 钱 以后，可以 有 多少 人民币？

Hǎilún wèi shénme huàn bù liǎo qián le?
（3）海伦 为 什么 换 不 了 钱 了？

Nán de bǎ biǎogé huán gěi Hǎilún méiyǒu?
（4）男 的 把 表格 还 给 海伦 没有？

分角色朗读课文。Role-play the dialogue.

Hǎilún zài yínháng huàn qián.
（海伦 在 银行 换 钱。）
(Helen is at the bank exchanging money.)

Hǎilún: Nín hǎo, wǒ xiǎng bǎ měiyuán huànchéng rénmínbì.
海伦：您 好，我 想 把 美元 换成 人民币。

yínháng zhíyuán: Qǐng bǎ zhè zhāng biǎo tián yíxià, tiánhǎo yǐhòu, bǎ tā gěi wǒ.
银行 职员：请 把 这 张 表 填 一下，填好 以后，把 它 给 我。
(bank clerk)

Hǎilún: Biǎogé shang dōu shì Hànyǔ, yǒuxiē dìfang wǒ kàn bù dǒng.
海伦：表格上都是汉语，有些地方我看不懂。
Nín néng bù néng bāng wǒ fānyì chéng Yīngyǔ?
您能不能帮我翻译成英语？

yínháng zhíyuán: Bù hǎoyìsi, wǒ bú huì Yīngyǔ, fānyì bù liǎo.
银行职员：不好意思，我不会英语，翻译不了。

Hǎilún qǐng qítā rén bāngmáng tiánhǎole biǎogé.
（海伦请其他人帮忙填好了表格。）
(Helen has filled in the form with someone's help.)

Hǎilún: Jīntiān de huìlǜ shì duōshao?
海伦：今天的汇率是多少？

yínháng zhíyuán Yìbǎi měiyuán huàn liùbǎi èrshí yuán rénmínbì. Nín xiǎng huàn duōshao měiyuán?
银行职员：一百美元换六百二十元人民币。您想换多少美元？

Hǎilún: Huàn yìqiān měiyuán.
海伦：换一千美元。

yínháng zhíyuán: Qǐng bǎ hùzhào, biǎogé hé qián gěi wǒ.
银行职员：请把护照、表格和钱给我。

Hǎilún: Bù hǎoyìsi, wǒ huàn bù liǎo le, bǎ biǎogé huán gěi wǒ ba.
海伦：不好意思，我换不了了，把表格还给我吧。

yínháng zhíyuán: Zěnme le?
银行职员：怎么了？

Hǎilún: Wǒ wàngle dài hùzhào. Wǒ jiā lí zhèr hěn jìn, wǒ huí qu bǎ hùzhào nálai.
海伦：我忘了带护照。我家离这儿很近，我回去把护照拿来。

yínháng zhíyuán Qǐng bǎ nín de biǎogé hé qián náhǎo, zài lái de shíhou, hái yòng zhè zhāng biǎogé.
银行职员：请把您的表格和钱拿好，再来的时候，还用这张表格。

五、课文（二）Text (2)

07-2

听录音，回答问题。Listen to the recording and answer the questions.

Hǎilún xūyào bǎ shénme hé hùzhào yìqǐ gěi nán de?
（1）海伦 需要 把 什么 和 护照 一起 给 男 的？

Hǎilún xiěcuòle shénme?
（2）海伦 写错了 什么？

Nán de ràng Hǎilún fù shénme qián?
（3）男 的 让 海伦 付 什么 钱？

Hǎilún jīntiān ná de dào jièjìkǎ ma?
（4）海伦 今天 拿 得 到 借记卡 吗？

分角色朗读课文。Role-play the dialogue.

Hǎilún yòu láidàole yínháng.
（海伦 又 来到了 银行。）
(Helen comes to the bank again.)

Hǎilún: Nín hǎo, wǒ xiǎng zài nǐmen yínháng bàn yì zhāng kǎ.
海伦：您好，我想在你们银行办一张卡。

yínháng zhíyuán: Nín shì wàiguórén ba? Wàiguórén yìbān zhǐ néng bàn jièjìkǎ, bù néng bàn xìnyòngkǎ.
银行职员：您是外国人吧？外国人一般只能办借记卡，不能办信用卡。

Hǎilún: Wǒ jiù bàn jièjìkǎ.
海伦：我就办借记卡。

yínháng zhíyuán: Qǐng tiánxiě zhè zhāng biǎogé, tiánhǎo yǐhòu, bǎ tā hé hùzhào yìqǐ gěi wǒ.
银行职员：请填写这张表格，填好以后，把它和护照一起给我。

Hǎilún náchu tiánhǎo de biǎogé.
（海伦 拿出 填好 的 表格。）
(Helen gives the clerk the completed form.)

yínháng zhíyuán: Nín bǎ dìzhǐ xiěcuò le, yīnggāi xiě nín zài Zhōngguó de dìzhǐ.
银行职员：您把地址写错了，应该写您在中国的地址。

Hǎilún: Hǎo de, qǐng bǎ biǎogé huán gěi wǒ, wǒ xiūgǎi yíxià.
海伦：好的，请把表格还给我，我修改一下。

yínháng zhíyuán: Bàn jièjìkǎ xūyào shǒuxùfèi wǔ yuán, qǐng zhǔnbèi yíxià.
银行职员：办借记卡需要手续费五元，请准备一下。

Hǎilún: Zāogāo, wǒ bǎ qiánbāo wàng zài jiāli le, děi huí qu qǔ.
海伦：糟糕，我把钱包忘在家里了，得回去取。

yínháng zhíyuán: Nín de jiā yuǎn ma?
银行职员：您的家远吗？

Hǎilún: Jiù zài fùjìn. Duì le, jīntiān jiù kěyǐ bǎ jièjìkǎ gěi wǒ ma?
海伦：就在附近。对了，今天就可以把借记卡给我吗？

yínháng zhíyuán: Kěyǐ. Nín zài kǎ li cún qián yǐhòu, jīntiān jiù néng yòng le.
银行职员：可以。您在卡里存钱以后，今天就能用了。

Hǎilún: Qǐng děng yíxià, wǒ mǎshàng huí jiā qǔ qián.
海伦：请等一下，我马上回家取钱。

六、活动 Activity

角色扮演：Role-play:

角色：A 是银行职员，B 是客人。

Roles: A is a bank clerk, and B is a client.

情景：B 在银行办借记卡，换钱。

Scenario: At the bank, B is applying for a debit card and exchanging money.

完成对话后轮换，继续同样活动。

Swap roles and continue.

七、拓展练习 Extended exercises

听力练习 Listening 07-3

1. 听第一遍录音，判断对错。

Listen to the recording and decide whether the statements are true or false.

Wénlì Rìyǔ bù hǎo, kàn bù dǒng shíxí tōngzhī.
（1）文丽 日语 不 好，看 不 懂 实习 通知 。 （ ）

Wénlì xīwàng Tiánzhōng jīntiān néng bǎ shíxí tōngzhī fānyì hǎo.
（2）文丽 希望 田中 今天 能 把 实习 通知 翻译 好。 （ ）

Tiánzhōng mǎshàng jiù bǎ kàn bù dǒng de dìfang fānyì hǎo le.
（3）田中 马上 就 把 看 不 懂 的 地方 翻译 好 了。 （ ）

Tiánzhōng zǎo jiù zhīdào Wénlì de diànzǐ yóuxiāng.
（4）田中 早 就 知道 文丽 的 电子 邮箱。 （ ）

2. 听第二遍录音，根据短文内容连线。

Listen to the recording again and match the persons with their actions.

	gěile Tiánzhōng diànzǐ yóuxiāng 给了 田中 电子 邮箱
Wénlì 文丽	jīn wǎn fānyì shíxí tōngzhī 今 晚 翻译 实习 通知
Tiánzhōng 田中	gěile Tiánzhōng míngpiàn 给了 田中 名片
Wénlì de péngyou 文丽 的 朋友	xiǎng kàndǒng shíxí tōngzhī 想 看懂 实习 通知
	huì fā diànzǐ yóujiàn gěi Wénlì 会 发 电子 邮件 给 文丽

阅读练习 Reading

海伦去银行（huàn ）钱，办借记卡，需要填写中文（biǎo ）格。海伦有的地方看不懂，想请银行职员翻译（chéng ）英语。银行职员不会英语，翻译不了。海伦填写表格的时候，（bǎ ）地址写错了，写了美国的地址。办借记卡很方便，一会儿就办好了。

cún
今天汇率不错，海伦换了五百美元，把换好的人民币都（　　）在了新办的借记卡里。

1. 根据拼音，在短文的括号里填上正确的汉字。

Fill in the blanks in the passage with characters according to the *pinyin*.

2. 根据短文内容连线。

Refer to the passage above and match the two parts of the sentences.

méi néng bǎ biǎogé 没 能 把 表格	xiěcuòle 写错了
bǎ dìzhǐ 把 地址	cún zài le jièjìkǎ li 存 在 了 借记卡 里
bǎ měiyuán 把 美元	fānyì chéng Yīngyǔ 翻译 成 英语
bǎ huànhǎo de qián 把 换好 的 钱	huànchéngle rénmínbì 换成了 人民币

3. 给括号中的词选择合适的位置。

Put the words in the right positions.

Tā bǎ nà běn shū hái gěi wǒ. méi
（1）他A把那本书B还C给D我。（没）

Tā dàilaile quánjiāfú, wǒ bǎ quánjiāfú dài lai le. yě
（2）他带来了全家福，我A把B全家福C带D来了。（也）

Wǒ bǎ zhè lǐwù sòng gěi tā. xiǎng
（3）我A把B这礼物C送D给他。（想）

Qǐng bǎ zhè jù Yīngyǔ fānyì Hànyǔ . chéng
（4）请A把这句英语B翻译C汉语D。（成）

想想本课你学到了哪些有用的词语和句子，写在下面。

Think about the useful words and sentences you have learned in this lesson and write them down below.

词语：Words:

句子：Sentences:

Dì-bā kè Qǐng bǎ hùzhào ná chulai

第八课 请把护照拿出来

Lesson 8 Your passport, please

本课目标 Goals of the lesson

1. 功能：接受安全检查
   Function: To go through security

2. 语言点："把"字句 2
   Language point: The 把-sentence 2

一、热身 Warm-up

回答问题：Answer the questions:

1. 登机以前，需要做什么？
   What do you have to do before boarding a flight?

2. 坐飞机不能带什么？
   What can't you bring onto a plane?

二、词语 New words

1.	安检	ānjiǎn	V	security check	
2.	打火机	dǎhuǒjī	N	lighter	
3.	扔	rēng	V	to throw, to dump	
4.	垃圾箱	lājīxiāng		dustbin	
	垃圾	lājī	N	garbage	
	箱	xiāng	N	box, trunk	邮箱　信箱
5.	登机牌	dēngjīpái	N	boarding pass	
6.	旅行箱	lǚxíngxiāng		suitcase	
7.	托盘	tuōpán	N	tray	
	盘	pán	N	plate	盘子　水果盘

8.	外衣	wàiyī	N	coat, jacket	
9.	脱	tuō	V	to take off (clothes)	
10.	关	guān	V	to close, to shut, to turn off	关门 关手机 关旅行箱
11.	身份证件	shēnfèn zhèngjiàn		identity document	
12.	打开	dǎ kāi	VO	to open (up), to turn on	
13.	水果刀	shuǐguǒdāo	N	fruit knife	
	刀	dāo	N	knife	

选用以上词语填空。Fill in the blanks with the words above.

Jīntiān hěn rè, dàjiā dōu bǎ wàiyī le.
（1）今天 很 热，大家 都 把 外衣（ ）了。

Míngtiān qù lǚxíng, jīn wǎn děi bǎ zhǔnbèi hǎo.
（2） 明天 去 旅行，今 晚 得 把（ ） 准备 好。

kǎoshì de shíhou qǐng bǎ shǒujī le.
（3）考试 的 时候， 请 把 手机（ ）了。

Zuò fēijī de shíhou, bù kěyǐ dài hé .
（4）坐 飞机 的 时候，不 可以 带（ ）和（ ）。

三、语言点 Language point

“把”字句 2 The 把-sentence 2

在“把”字句里，动词后面还可以加“在 / 到 + 处所名词”或者趋向补语。例如：

In a 把-sentence, the element which is put after the verb could be “在/到 + place” or a directional complement. For example:

主语 S	+ “把”	+ 宾语 + O	+ 谓语动词 + V	+ “在 / 到” + 处所名词 + 在 / 到 + Place
Tā 他	bǎ 把	diànnǎo 电脑	fàng 放	zài bāo li le. 在 包 里 了。
Tā 他	bǎ 把	shǒujī 手机	wàng 忘	zài jiàoshì le. 在 教室 了。
	Bǎ 把	shū 书	fān 翻	dào dì-35 yè. 到 第 35 页。
Nǐ 你	bǎ 把	lǚxíngxiāng 旅行箱	ná 拿	dào chē shang qu ba. 到 车 上 去 吧。

主语 S	+ "把"	+ 宾语 + O	+ 谓语动词 + V	+ 趋向补语 + Directional complement
Wǒ 我	bǎ 把	diànnǎo 电脑	fàng 放	jinqu le. 进去 了。
Nǐ 你	bǎ 把	qián 钱	ná 拿	chulai. 出来。
Wǒ 我	bǎ 把	shū 书	fàng 放	jìn shūbāo li. 进 书包 里。

◎ 活动 Activity

两人一组，一个同学说指令，另一人执行。完成后轮换。

Work in pairs. One gives instructions and the other follows.The swap roles.

Bǎ shūbāo li bǐhé li qiánbāo li zhuōzi li de dōngxi ná chulai
（1）把 书包 里/笔盒（pencil case）里/ 钱包 里/ 桌子 里 的 东西 拿 出来/

náshàng jiǎngtái qu ná xialai náchū jiàoshì qu nájìn jiàoshì lai.
拿上 讲台（podium, teacher's desk）去/拿 下来/拿出 教室 去/拿进 教室 来。

Bǎ nǐ de shūbāo shū fàng zài zhuōzi li fàng zài zhuōzi shang fàng guoqu fàng guolai
（2）把 你 的 书包 / 书 放 在 桌子 里/ 放 在 桌子 上 / 放 过去 / 放 过来 /

fàngdào jiǎngtái shang fàngdào jiàoshì wàimiàn.
放到 讲台 上 / 放到 教室 外面。

四、课文（一）Text (1)

08-1

听第一遍录音，判断对错。Listen to the recording and decide whether the statements are true or false.

Tiánzhōng dàile dǎhuǒjī.
（1） 田中 带了 打火机。 （ ）

Nǚ de xiǎng kàn hùzhào hé dēngjīpái.
（2）女 的 想 看 护照 和 登机牌。 （ ）

Nǚ de ràng Tiánzhōng gěi qián.
（3）女 的 让 田中 给 钱。 （ ）

Tiánzhōng nácuòle dōngxi.
（4） 田中 拿错了 东西。 （ ）

听第二遍录音，回答问题。Listen to the recording again and answer the questions.

Tāmen kěnéng zài nǎr shuōhuà?
（1）他们 可能 在 哪儿 说话？

Tiánzhōng bǎ dǎhuǒjī rēng zài nǎr le?
（2）田中 把 打火机 扔 在 哪儿 了？

Tiánzhōng xūyào bǎ shénme tuō xialai?
（3）田中 需要 把 什么 脱 下来？

Tiánzhōng bǎ hùzhào wàng zài nǎr le?
（4）田中 把 护照 忘 在 哪儿 了？

分角色朗读课文。Role-play the dialogue.

Tiánzhōng zài jīchǎng jiēshòu ānjiǎn.
（田中 在 机场 接受 安检。）
(Tanaka is going through security check at the airport.)

nǚ ānjiǎnyuán: Qǐngwèn, nín dài dǎhuǒjī le ma?
女安检员：请问，您带打火机了吗？

Tiánzhōng: Dài le. Bù néng dài ma?
田中：带了。不能带吗？

nǚ ānjiǎnyuán: Duì, qǐng bǎ tā rēngdào pángbiān de lājīxiāng li. Qǐng bǎ hùzhào, dēngjīpái ná chulai.
女安检员：对，请把它扔到旁边的垃圾箱里。请把护照、登机牌拿出来。

Tiánzhōng: Zhè shì wǒ de hùzhào hé dēngjīpái.
田中：这是我的护照和登机牌。

nǚ ānjiǎnyuán: Qǐng gěi wǒ kàn yíxià. Qǐng bǎ shǒujī, diànnǎo, qiánbāo cóng lǚxíngxiāng li ná chulai.
女安检员：请给我看一下。请把手机、电脑、钱包从旅行箱里拿出来。

Tiánzhōng: Fàng zài nǎli?
田中：放在哪里？

nǚ ānjiǎnyuán: Fàng zài tuōpán li. Qǐng bǎ wàiyī tuō xialai, yě fàng zài tuōpán li.
女安检员：放在托盘里。请把外衣脱下来，也放在托盘里。

Jiǎnchá hǎo yǐhòu.
（检查好以后。）
(After the security check)

nǚ ānjiǎnyuán: Qǐng bǎ zìjǐ de dōngxi náhǎo, bú yào nácuò.
女安检员：请把自己的东西拿好，不要拿错。

Tiánzhōng: Dōu náhǎo le, xièxie!
田中：都拿好了，谢谢！

nǚ ānjiǎnyuán: Nín wàngle ná hùzhào le.
女安检员：您忘了拿护照了。

Tiánzhōng: Bù hǎoyìsi, wǒ bǎ hùzhào wàng zài tuōpán li le.
田中：不好意思，我把护照忘在托盘里了。

nǚ ānjiǎnyuán: Nín de lǚxíngxiāng yě méiyǒu guānhǎo.
女安检员：您的旅行箱也没有关好。

五、课文（二）Text (2)

08-2

听录音，回答问题。Listen to the recording and answer the questions.

Tāmen kěnéng zài nǎr shuō huà?
（1）他们可能在哪儿说话？

Tiánzhōng náchu de shēnfèn zhèngjiàn shì shénme?
（2）田中拿出的身份证件是什么？

Nǚ de ràng Tiánzhōng cóng lǚxíngxiāng li ná shénme?
（3）女的让田中从旅行箱里拿什么？

Zuò huǒchē yǒu shénme guīdìng?
（4）坐火车有什么规定？

分角色朗读课文。Role-play the dialogue.

Tiánzhōng lázhe lǚxíngxiāng láidào huǒchēzhàn ānjiǎnchù
（田中 拉着 旅行箱，来到 火车站 安检处。）
(Tanaka comes to the railway station with his luggage and is leaving for Xi'an.)

nǚ ānjiǎnyuán: Nín hǎo, nín yào qù nǎr?
女安检员：您好，您要去哪儿？

Tiánzhōng: Wǒ qù Xī'ān.
田中：我去西安。

nǚ ānjiǎnyuán: Qǐng bǎ huǒchēpiào, shēnfèn zhèngjiàn ná chulai.
女安检员：请把火车票、身份证件拿出来。

Tiánzhōng: Zhè shì wǒ de hùzhào hé chēpiào.
田中：这是我的护照和车票。

nǚ ānjiǎnyuán: Xiānsheng, nín de lǚxíngxiāng li fàngzhe shénme?
女安检员：先生，您的旅行箱里放着什么？

Tiánzhōng: Fàngzhe diànnǎo, yīfu hé sòng péngyou de lǐwù.
田中：放着电脑、衣服和送朋友的礼物。

nǚ ānjiǎnyuán: Qǐng bǎ lǚxíngxiāng dǎ kāi, xūyào jiǎnchá yíxià.
女安检员：请把旅行箱打开，需要检查一下。
Nín dài shuǐguǒdāo le ba?
您带水果刀了吧？

Tiánzhōng: Dài le, shuǐguǒdāo bǐjiào dà, bù néng dài ma?
田中：带了，水果刀比较大，不能带吗？

nǚ ānjiǎnyuán: Duì, zuò huǒchē bù néng dài dà de shuǐguǒdāo.
女安检员：对，坐火车不能带大的水果刀。

Tiánzhōng: Bù hǎoyìsi, wǒ bù zhīdào zhège guīdìng.
田中：不好意思，我不知道这个规定。

nǚ ānjiǎnyuán: Qǐng nín bǎ dāo ná chulai, bù néng dài jinqu.
女安检员：请您把刀拿出来，不能带进去。

六、活动 Activity

角色扮演：Role-play:

角色：A 是安检员，B 是旅客。

Roles: A is a security officer, and B is a passenger.

情景：B 在飞机场的安检处接受安检。

Scenario: B is at the airport going through security.

完成后轮换，继续同样活动。

Swap roles and continue.

七、拓展练习 Extended exercises

听力练习 Listening 08-3

1. 听第一遍录音，判断对错。

Listen to the recording and decide whether the statements are true or false.

Kǎoshì yǐjīng kāishǐ le.
(1) 考试 已经 开始 了。 ( )

Kǎoshì de shíhou, zhuōzi shang bù kěyǐ fàng dōngxi.
(2) 考试 的 时候， 桌子 上 不 可以 放 东西。 ( )

Lǎoshī ràng dàjiā jiǎnchá shǒujī guānle méiyǒu.
(3) 老师 让 大家 检查 手机 关了 没有。 ( )

Lǎoshī kàndào yí gè xuésheng bǎ chuānghu dǎ kāi le.
(4) 老师 看到 一个 学生 把 窗户 (window) 打开 了。 ( )

2. 听第二遍录音，根据短文内容连线。

Listen to the recording again and match the two parts of the sentences.

bǎ shēnfèn zhèngjiàn hé bǐ 把 身份 证件 和 笔	guān le 关 了
bǎ shǒujī 把 手机	guānhǎo 关好
bǎ shǒujī, shū, cídiǎn 把 手机、书、词典 (dictionary)	fàng zài zhuōzi shang 放 在 桌子 上
bǎ shūbāo 把 书包	fàng zài zhuōzi xiàmiàn 放 在 桌子 下面
bǎ chuānghu 把 窗户	fàngjìn shūbāo li qu 放进 书包 里 去

阅读练习 Reading

田中今天回日本去。在机场安检时，安检员先让田中(rēng)了打火(jī)，又说田中电脑包里放着水果刀，让他打(kāi)包，把东西都拿出来检(chá)。田中把电脑拿了出来，安检员把包拿过去，检查了一会儿，从里面找出来一把水(guǒ)刀。田中已经忘了是什么时候放进去的。这怎么能带(shang)飞机呢？

1. 根据拼音，在短文的括号里填上正确的汉字。

Fill in the blanks in the passage with characters according to the *pinyin*.

2. 根据短文内容连线。

Refer to the passage above and match the two parts of the sentences.

Tiánzhōng náchule 田中 拿出了	shuǐguǒdāo 水果刀
Tiánzhōng rēngle 田中 扔了	diànnǎo 电脑
ānjiǎnyuán jiǎnchále 安检员 检查了	dǎhuǒjī 打火机
ānjiǎnyuán zhǎochule 安检员 找出了	diànnǎobāo 电脑包

3. 选词填空。

Choose the right words to complete the sentences.

A. 回去 huíqu　B. 起来 qǐlai　C. 出来 chūlai　D. 在 zài

Tā bǎ qiánbāo cóng bāo li nále .
(1)他把 钱包 从 包 里拿了(　　)。

Tā bǎ shǒujī wàng jiàoshì li le.
(2)他把 手机 忘(　　)教室 里了。

Tā cóng zhuōzi shang bǎ nà běn shū ná , kànle yíhuìr, yòu fàngle xiaqu.
(3)他 从 桌子 上 把那本书拿(　　)，看了一会儿，又放了下去。

Wǒ bǎ niúnǎi cóng bīngxiāng li ná hēle yìdiǎnr, yòu bǎ tā fàng le.
（4）我把牛奶从冰箱里拿（　　）喝了一点儿，又把它放（　　）了。

Nǐ bǎ gōngjiāokǎ fàng nǎr le? Wǒ zhǎo bú dào.
（5）你把公交卡放（　　）哪儿了？我找不到。

想想本课你学到了哪些有用的词语和句子，写在下面。

Think about the useful words and sentences you have learned in this lesson and write them down below.

词语：Words:

句子：Sentences:

Dì-jiǔ kè Nǐ de diànnǎo kěnéng bèi bìngdú gǎnrǎn le

第九课 你的电脑可能被病毒感染了

Lesson 9 Your computer may be infected with a virus

本课目标 Goals of the lesson

1. 功能：描述遭受的不快或不幸
   Function: To describe an unpleasant or unfortunate experience
2. 语言点："被"字句
   Language point: The 被-sentence

一、热身 Warm-up

回答问题：Answer the questions:

1. 你的电脑或手机出过问题吗？出过什么问题？出了问题怎么办？
   Have you ever encountered any computer or mobile phone problems? If you have, what kind of problems were they? What would you do if you do encounter a problem?

2. 你开通网上银行或手机银行了吗？
   Have you registered for Internet banking or mobile banking services?

二、词语 New words

1.	倒霉	dǎo méi	A	unlucky	
2.	死机	sǐ jī	VO	(of a computer or cell phone) to crash	
3.	病毒	bìngdú	N	virus	
4.	感染	gǎnrǎn	V	(of a computer or cell phone) to be infected with a virus	
5.	杀毒	shā dú	VO	to kill a virus	杀（病）毒

6.	掉	diào	V	*used after certain verbs to indicate the result of the action*	改掉　扔掉
7.	文件	wénjiàn	N	file, document	
8.	删除	shānchú	V	to delete	
9.	U 盘	U pán		USB flash drive	
10.	严重	yánzhòng	A	serious	
11.	重要	zhòngyào	A	important	
12.	退休	tuì xiū	VO	to retire	
13.	着急	zháo jí	A	anxious, worried	
14.	开通	kāitōng	V	to open (an online account)	
15.	偷	tōu	V	to steal	
16.	放心	fàng xīn	VO	to feel relieved	

选用以上词语填空。Fill in the blanks with the words above.

Zhēn　　　　, wǒ de qiánbāo bèi tōu le.
（1）真（　　），我的钱包被偷了。

Wǒ de diànnǎo　　　　le bìngdú, chángcháng sǐ jī.
（2）我的电脑（　　）了病毒，常常死机。

Diànnǎo li wénjiàn tài duō, wǒ xiǎng　　　　yìxiē.
（3）电脑里文件太多，我想（　　）一些。

Wǒ māma yǐjīng　　　　le, bù xūyào gōngzuò le.
（4）我妈妈已经（　　）了，不需要工作了。

三、语言点 Language point

“被”字句 The 被-sentence

“被”字句说明主语表示的人或事物是被动的。和“把”字句一样，“被”字句中动词后面的其他成分可以是“了”、结果补语、趋向补语等等。

The 被-sentence indicates that the subject of the sentence is the patient of the action denoted by the predicate verb. Like in the 把-sentence, the other elements after the verb in a 被-sentence could be "了", a result complement, a directional complement, etc.

主语 S	+"被"	+宾语 +O	+谓语动词 +V	+其他 +Other elements
Diànnǎo 电脑	bèi 被	bìngdú 病毒	gǎnrǎn 感染	le . 了。
Wǒ de zìxíngchē 我 的 自行车	bèi 被	rén 人	tōu 偷	zǒu le . 走 了。
Wǒ de shū 我 的 书	bèi 被	tā 他	jiè 借	gěi biérén le . 给 别人 了。
Qiánbāo 钱包	bèi 被	wǒ 我	fàng 放	zài jiāli le . 在 家里 了。
Lājī 垃圾	bèi 被	tóngwū 同屋	rēng 扔	chuqu le . 出去 了。

有时"被"的宾语可以不出现。

Sometimes it is not necessary to mention the object (agent of the action) in a 被-sentence.

例如：For example:

Wǒ de zìxíngchē bèi tōu le .
我 的 自行车 被 偷 了。

Wénjiàn bèi shānchú le .
文件 被 删除 了。

在口语里，"被"也可以换成"叫"或"让"，但是"叫"或"让"的后面一定要带宾语。

In spoken Chinese, "被" can be replaced by "叫" or "让", which must be followed by an object though.

例如：For example:

Zhuōzi ràng jiào tā tīhuài le.
桌子 让/叫 他 踢坏 了。

wǒ de shū jiào ràng bèi tā názǒu le.
我 的 书 叫/让/被 他 拿走 了。

"被"字句与英语的被动语态不同。"被"字句一般用来表示不如意的事件，特别是在口语中。

Different from the English passive voice, the Chinese 被-sentence is generally used in a situation that is not so good, especially so in spoken Chinese.

◎ 活动 Activity

看图选择相应的词或短语，然后仿照例子，两人一组，看图问答。

Choose the appropriate words or phrases for the pictures and work in pairs to make conversations following the example.

例：For example:

bìngdú gǎnrǎn
病毒 感染

Diànnǎo zěnme le?
A: 电脑 怎么 了？

Diànnǎo bèi bìngdú gǎnrǎn le.
B: 电脑 被 病毒 感染 了。

tā tīkāi
A. 他 踢开

wǒ chuānhuài
B. 我 穿坏

māo chī
C. 猫（cat）吃

ānjiǎnyuán dǎ kāi
D. 安检员 打开

xiǎotōu tōu
E. 小偷（thief）偷

dìdi dǎhuài
F. 弟弟 打坏

wǒ shānchú
G. 我 删除

（1）________

（2）________

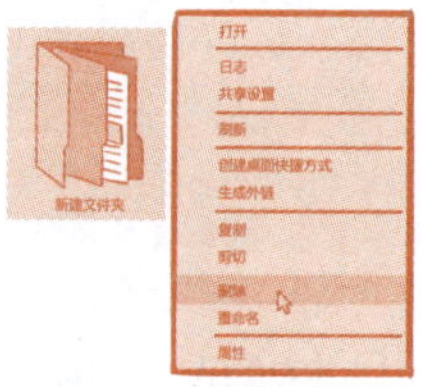

（3）________

（4）________

（5）________

（6）________

（7）________

四、课文（一）Text (1)

09-1

听第一遍录音，判断对错。Listen to the recording and decide whether the statements are true or false.

Kǎmǎlā zìjǐ néng gěi diànnǎo shā dú.
（1）卡玛拉自己 能 给 电脑 杀 毒。 （ ）

Kămălā de diànnǎo bèi bìngdú gǎnrǎnguo hěn duō cì.
(2) 卡玛拉 的 电脑 被 病毒 感染过 很 多 次。 (　　)

Ōuwén de U pán hái néng yòng.
(3) 欧文 的 U 盘 还 能 用。 (　　)

Kămălā zhǔnbèi rēngdiào diànnǎo.
(4) 卡玛拉 准备 扔掉 电脑。 (　　)

听第二遍录音，回答问题。Listen to the recording again and answer the questions.

Kămălā de diànnǎo zuìjìn zěnme le?
(1) 卡玛拉 的 电脑 最近 怎么 了？

Kămălā xiǎng bǎ shénme zhǎo huilai?
(2) 卡玛拉 想 把 什么 找 回来？

Ōuwén bǎ shénme rēngdiào le?
(3) 欧文 把 什么 扔掉 了？

Kămălā de diànnǎo yòngle duō cháng shíjiān le?
(4) 卡玛拉 的 电脑 用了 多 长 时间 了？

分角色朗读课文。Role-play the dialogue.

Kămălā: Zhēn dǎo méi, wǒ de diànnǎo zuìjìn zǒngshì sǐjī, shàng bù liǎo wǎng.
卡玛拉：真倒霉，我的电脑最近总是死机，上不了网。

Ōuwén: Kămălā, nǐ de diànnǎo kěnéng bèi bìngdú gǎnrǎn le.
欧文：卡玛拉，你的电脑可能被病毒感染了。

Kămălā: Duì, wǒ shāle hěn duō cì dú. Bìngdú shì bèi shādiào le, dànshì, hěn duō wénjiàn bèi shānchú diào le, zhǎo bù huílái le.
卡玛拉：对，我杀了很多次毒。病毒是被杀掉了，但是，很多文件被删除掉了，找不回来了。

Ōuwén: Wǒ de U pán shàng gè xīngqī yě bèi bìngdú gǎnrǎn, dǎ bù kāi le.
欧文：我的U盘上个星期也被病毒感染，打不开了。

Kǎmǎlā: Ōuwén, nǐ shā dú le ma?
卡玛拉：欧文，你杀毒了吗？

Ōuwén: Zhè cì fēicháng yánzhòng, shā bú diào.
欧文：这次非常严重，杀不掉。

Kǎmǎlā: U pán li yǒu zhòngyào de wénjiàn ma?
卡玛拉：U盘里有重要的文件吗？

Ōuwén: Méiyǒu, U pán bèi wǒ rēngdiào le.
欧文：没有，U盘被我扔掉了。

Kǎmǎlā: Wǒ de diànnǎo yǐjīng yòngle bā nián le, lǎo le, yě yīnggāi ràng tā tuì xiū le.
卡玛拉：我的电脑已经用了八年了，老了，也应该让它退休了。

Ōuwén: Nà shì bèi nǐ yònghuài de.
欧文：那是被你用坏的。

Kǎmǎlā: Yíyàng, nǐ de U pán yě shì bèi nǐ yònghuài de!
卡玛拉：一样，你的U盘也是被你用坏的！

五、课文（二）Text (2)

09-2

听录音，回答问题。Listen to the recording and answer the questions.

Tiánzhōng xiǎng qǐng Hǎilún zuò shénme?
（1）田中想请海伦做什么？

Tiánzhōng kāitōngle shénme?
（2）田中开通了什么？

Tiánzhōng wèi shénme bèi rén shuādiàole sānqiān kuài qián?
（3）田中为什么被人刷掉了三千块钱？

Hǎilún zhǔnbèi gěi Tiánzhōng de shǒujī shā dú ma?
（4）海伦准备给田中的手机杀毒吗？

分角色朗读课文。Role-play the dialogue.

Tiánzhōng: Hǎilún, wǒ zhèng zhǎo nǐ ne!
田中：海伦，我正找你呢！

Hǎilún: Shénme shì zhème zháo jí?
海伦：什么 事 这么 着 急？

Tiánzhōng: Wǒ de xìnyòngkǎ gānggāng bèi shuàle sānqiān kuài qián, zěnmē néng bù zháo jí?
田中：我 的 信用卡 刚刚 被 刷了 三千 块 钱，怎么 能 不 着 急？

Hǎilún: Nǐ de xìnyòngkǎ shì bú shì ràng rén tōu le?
海伦：你 的 信用卡 是 不 是 让 人 偷 了？

Tiánzhōng: Méiyǒu bèi tōu, shì shǒujī bèi bìngdú gǎnrǎn le.
田中：没有 被 偷，是 手机 被 病毒 感染 了。

Hǎilún: Nǐ kāitōngle shǒujī yínháng?
海伦：你 开通了 手机 银行？

Tiánzhōng: Duì. Shì bìngdú tōule wǒ de qián. Tīngshuō nǐ huì gěi shǒujī shā dú, wǒ mǎshàng jiù lái zhǎo nǐ le.
田中：对。是 病毒 偷了 我 的 钱。听说 你 会 给 手机 杀 毒，我 马上 就 来 找 你 了。

Hǎilún: Bǎ shǒujī gěi wǒ kàn yíxià. Ā, zhēn de bèi bìngdú gǎnrǎn le.
海伦：把 手机 给 我 看 一下。啊，真 的 被 病毒 感染 了。

Tiánzhōng: Néng bǎ bìngdú shādiào ma?
田中：能 把 病毒 杀掉 吗？

Hǎilún: Néng. Nǐ fàng xīn ba, mǎshàng bāng nǐ shā bìngdú.
海伦：能。你 放 心 吧，马上 帮 你 杀 病毒。

Tiánzhōng: Tài xièxie nǐ le!
田中：太 谢谢 你 了！

六、活动 Activity

两人一组，互相说说你或你的朋友、家人用电脑、手机时遇到过的倒霉的事情。

Work in pairs. Talk about the unfortunate experiences you or your friends or family had with a computer or cell phone.

七、拓展练习 Extended exercises

听力练习 Listening 09-3

1. 听第一遍录音，判断对错。

Listen to the recording and decide whether the statements are true or false.

Ōuwén jīntiān méiyǒu qí zìxíngchē.
（1）欧文 今天 没有 骑 自行车。（ ）

Ōuwén jièle péngyou de zìxíngchē.
（2）欧文 借了 朋友 的 自行车。（ ）

Hǎilún xiǎng bǎ zìxíngchē sòng gěi Tiánzhōng.
（3）海伦 想 把 自行车 送 给 田中。（ ）

Tiánzhōng bǎ Hǎilún de zìxíngchē gěile Ōuwén.
（4）田中 把 海伦 的 自行车 给了 欧文。（ ）

2. 听第二遍录音，选择事情发生的时间。

Listen to the recording again and choose the day when each event happened.

	qiántiān 前天	zuótiān 昨天	jīntiān 今天	míngtiān 明天	hòutiān 后天
Ōuwén bǎ zìxíngchē jiè gěi péngyou le. 欧文 把 自行车 借 给 朋友 了。					
Ōuwén de zìxíngchē bèi tōu le. 欧文 的 自行车 被 偷 了。					
Péngyou gàosu Ōuwén zìxíngchē bèi tōu le. 朋友 告诉 欧文 自行车 被 偷 了。					
Hǎilún shuō yào sòng Ōuwén zìxíngchē. 海伦 说 要 送 欧文 自行车。					
Hǎilún bǎ zìxíngchē gěi Tiánzhōng 海伦 把 自行车 给 田中。					

Tiánzhōng bǎ zìxíngchē gěi Ōuwén.
田中　把　自行车　给　欧文。

阅读练习 Reading

卡玛拉的电脑被病毒感染了，总是（sǐ）机，上不了网。卡玛拉请欧文帮她杀毒。病毒是杀掉了，可很多文件被（shānchú）掉了，找不回来了。欧文说可能是她的U盘先被感染，U盘再（bǎ）病毒带给了电脑。还有，卡玛拉刚开（tōng）了手机银行，手机又被病毒感染，被（shuā）掉了三千块钱。她最近真是太倒霉了。

1. 根据拼音，在短文的括号里填上正确的汉字。

Fill in the blanks in the passage with characters according to the *pinyin*.

2. 根据短文内容连线。

Refer to the passage above and match the two parts of the sentences.

U pán de bìngdú U盘的病毒	kāitōngle shǒujī yínháng 开通了手机银行
shǒujī 手机	bāng Kǎmǎlā shā dú 帮卡玛拉杀毒
wénjiàn 文件	bèi shuādiào 被刷掉
sān qiān kuài qián 三千块钱	gǎnrǎnle diànnǎo 感染了电脑
Ōuwén 欧文	bèi bìngdú gǎnrǎn 被病毒感染
Kǎmǎlā 卡玛拉	bèi shānchú 被删除

3. 选词填空。

Choose the right words to complete the sentences.

qǐng　　bèi ràng jiào　　bǎ

A. 请　　B. 被 / 让 / 叫　　C. 把

Dàngāo dōu (　　) dìdi chī le.

(1) 蛋糕 都 (　　) 弟弟 吃 了。

Dìdi (　　) dàngāo chī le.

(2) 弟弟 (　　) 蛋糕 吃 了。

Wǒ (　　) dìdi chī dàngāo.

(3) 我 (　　) 弟弟 吃 蛋糕。

Wǒ jièwǎn le, nà běn shū (　　) biérén jièzǒu le.

(4) 我 借晚 了，那 本 书 (　　) 别人 借走 了。

Wǒ (　　) nà běn shū jiè gěi tā le.

(5) 我 (　　) 那 本 书 借 给 他 了。

想想本课你学到了哪些有用的词语和句子，写在下面。

Think about the useful words and sentences you have learned in this lesson and write them down below.

词语：Words:

句子：Sentences:

Dì-shí kè Zhù nǐ yílù píng'ān

第十课 祝你一路平安

Lesson 10 Have a safe trip

本课目标 Goals of the lesson

功能：告别

Function: To bid farewell

一、热身 Warm-up

回答问题：Answer the questions:

1. 你如果后天回国，今天、明天会做什么？

As an international student, you will be returning to your home country the day after tomorrow. What are you going to do today and tomorrow?

2. 你如果就要回国了，这时候会想什么呢？会跟朋友说什么呢？

If you are returning to your home country, what would be in your mind? What would you say to your friends?

二、词语 New words

1.	行李	xíngli	N	luggage	行李箱
2.	超重	chāo zhòng	VO	to be overweight	
3.	电子秤	diànzǐchèng	N	electronic scale	
	秤	chèng	N	scale, balance	
4.	称	chēng	V	to weigh out	
5.	出发	chūfā	V	to set out	从哪儿出发
6.	航班	hángbān	N	flight	

7.	来得及	láidejí	V	to be able to do sth. in time	来得及看
8.	送	sòng	V	to see sb. off	
9.	机场	jīchǎng	N	airport	
10.	美好	měihǎo	A	fine, beautiful	
11.	回忆	huíyì	V	to really, to look back	美好的回忆
12.	舍不得	shěbude	V	to hate to part with or use	舍不得买
13.	离开	lí kāi	VO	to leave	离开家
14.	难过	nánguò	A	sad	
15.	联系	liánxì	V	to contact	
16.	一路平安	yílù píng'ān		to have a safe trip	

选用以上词语填空。Fill in the blanks with the words above.

Wǒ de xiǎoshíhou de zhàopiàn zhǎo bú dào le， wǒ hěn .
（1）我的小时候的照片找不到了，我很（　　）。

Nǐ de xíngli yǒu duōshao gōngjīn? yíxià.
（2）你的行李有多少公斤？（　　）一下。

Wǒ míngtiān Zhōngguó, huí Rìběn qu.
（3）我明天（　　）中国，回日本去。

Bì yè yǐjīng shí duō nián le， wǒmen bù le.
（4）毕业已经十多年了，我们不（　　）了。

三、课文（一）Text (1)

10-1

听第一遍录音，判断对错。Listen to the recording and decide whether the statements are true or false.

Xiǎomíng míngtiān dài diànzǐchèng lai.
（1）小明明天带电子秤来。（　　）

Kǎmălā dān xīn xíngli chāo zhòng.
（2）卡玛拉担心行李超重。（　　）

Xiǎomíng ràng Kǎmǎlā hòutiān zǎoshang yùyuē hǎo chūzūchē.
(3) 小明 让 卡玛拉 后天 早上 预约 好 出租车。 (　)

Kǎmǎlā zhǔnbèi hòutiān qī diǎn zuǒyòu dào jīchǎng.
(4) 卡玛拉 准备 后天 七 点 左右 到 机场。 (　)

听第二遍录音，回答问题。Listen to the recording again and answer the questions.

Kǎmǎlā zài Zhōngguó xuéxíle duō cháng shíjiān?
(1) 卡玛拉 在 中国 学习了 多 长 时间？

Xiǎomíng dài diànzǐchèng zhǔnbèi chēng shénme?
(2) 小明 带 电子秤 准备 称 什么？

Wèi shénme hòutiān qī diǎn chūfā kěnéng láibují?
(3) 为 什么 后天 七 点 出发 可能 来不及？

Xiǎomíng xiǎng sòng Kǎmǎlā qù jīchǎng ma?
(4) 小明 想 送 卡玛拉 去 机场 吗？

分角色朗读课文。Role-play the dialogue.

Gāo Xiǎomíng: Shíjiān guò de tài kuài le! Kǎmǎlā, nǐ yǐjīng zài zhèr xuéxíle liǎng nián, hòutiān jiù yào huí guó le.
高小明：时间过得太快了！卡玛拉，你已经在这儿学习了两年，后天就要回国了。

Kǎmǎlā: Shì a. Nǐ gěile wǒ hěn duō bāngzhù, Xiǎomíng, tài xièxie nǐ le!
卡玛拉：是啊。你给了我很多帮助，小明，太谢谢你了！

Gāo Xiǎomíng: Yīnggāi de, búyòng xiè. Nǐ dōu zhǔnbèi hǎole ma?
高小明：应该的，不用谢。你都准备好了吗？

Kǎmǎlā: Zǎo jiù zhǔnbèi hǎo le, yǒu liǎng gè xínglixiāng, bù zhīdào huì bú huì chāo zhòng.
卡玛拉：早就准备好了，有两个行李箱，不知道会不会超重。

Gāo Xiǎomíng: Sānshí gōngjīn zuǒyòu méiyǒu wèntí ba. Wǒ yǒu diànzǐchèng,
高小明：三十公斤左右没有问题吧。我有电子秤，

míngtiān dài guolai chēng yíxià ba.
明天 带过来 称 一下 吧。

Kǎmǎlā: Nà xièxie nǐ le. Wǒ zhǔnbèi hòutiān zǎoshang qī diǎn chūfā,
卡玛拉：那 谢谢 你 了。我 准备 后天 早上 七 点 出发，
qī diǎn jiào de dào chūzūchē ma?
七点 叫 得 到 出租车 吗？

Gāo Xiǎomíng: Hěn nán. Míngtiān wǎnshang yùyuē yíxià ba. Nǐ shì jǐ diǎn de hángbān?
高 小明：很 难。明天 晚上 预约 一下 吧。你 是 几 点 的 航班？

Kǎmǎlā: Jiǔ diǎn bàn, láidejí ma?
卡玛拉：九 点 半，来得及 吗？

Gāo Xiǎomíng: Cóng zhèli kāidào jīchǎng yào yí gè xiǎoshí zuǒyòu, kěnéng láibují.
高 小明：从 这里 开到 机场 要 一 个 小时 左右，可能 来不及。

Kǎmǎlā: Nà liù diǎn bàn chūfā ba.
卡玛拉：那 六 点 半 出发 吧。

Gāo Xiǎomíng: Hòutiān wǒ lái sòng nǐ, bǎ nǐ sòngdào jīchǎng.
高 小明：后天 我 来 送 你，把 你 送到 机场。

Kǎmǎlā: Tài zǎo le, búyòng sòng wǒ le.
卡玛拉：太 早 了，不用 送 我 了。

Gāo Xiǎomíng: Wǒmen shì hǎo péngyou, zěnme néng bú sòng ne?
高 小明：我们 是 好 朋友，怎么 能 不 送 呢？

四、课文（二）Text (2)

10-2

听录音，回答问题。Listen to the recording and answer the questions.

Kǎmǎlā de xíngli wéi shénme chāo zhòng?
（1）卡玛拉 的 行李 为 什么 超 重？

Kǎmǎlā xiǎng bù xiǎng lí kāi Zhōngguó?
（2）卡玛拉 想 不 想 离 开 中国？

Kǎmǎlā shuō tā zìjǐ nánguò ma?
(3) 卡玛拉 说 她 自己 难过 吗?

Kǎmǎlā wèi shénme juéde shìjiè yuèláiyuè xiǎo le?
(4) 卡玛拉 为 什么 觉得 世界 越来越 小 了?

分角色朗读课文。Role-play the dialogue.

Gāo Xiǎomíng: Kǎmǎlā, nǐ de xíngli chāo zhòng le.
高 小明: 卡玛拉, 你 的 行李 超 重 了。

Kǎmǎlā: Shì a, wǒ yào bǎ měihǎo de huíyì dōu dài huiqu, dōngxi tài duō le, dāngrán chāo zhòng.
卡玛拉: 是 啊, 我 要 把 美好 的 回忆 都 带 回去, 东西 太 多 了, 当然 超 重。

Gāo Xiǎomíng: Jiàn miàn róngyì, shuō zàijiàn nán. Wǒmen jiù yào shuō zàijiàn le.
高 小明: 见 面 容易, 说 再见 难。我们 就 要 说 再见 了。

Kǎmǎlā: Shì a, wǒ zhēn shěbude lí kāi zhèli, shěbude lí kāi dàjiā.
卡玛拉: 是 啊, 我 真 舍不得 离 开 这里, 舍不得 离 开 大家。

Gāo Xiǎomíng: Nǐ shì bú shì yǒuxiē nánguò le?
高 小明: 你 是 不 是 有些 难过 了?

Kǎmǎlā: Zěnme huì nánguò ne? Wǒ shì gāogāoxìngxìng de lái Zhōngguó de, yě yào gāogāoxìngxìng de huí guó qu.
卡玛拉: 怎么 会 难过 呢? 我 是 高高兴兴 地 来 中国 的, 也 要 高高兴兴 地 回 国 去。

Gāo Xiǎomíng: Yǐhòu duō liánxì.
高 小明: 以后 多 联系。

Kǎmǎlā: Hǎo de, xiànzài shǒujī liánxì yòu kuài yòu fāngbiàn, shìjiè yuèláiyuè xiǎo le.
卡玛拉: 好 的, 现在 手机 联系 又 快 又 方便, 世界 越来越 小 了。

Gāo Xiǎomíng: Huānyíng yǐhòu yǒu jīhuì zài lái Zhōngguó.
高 小明： 欢迎 以后 有 机会 再 来 中国。

Kǎmǎlā: Yě huānyíng nǐ qù wǒ de guójiā lǚxíng.
卡玛拉： 也 欢迎 你 去 我 的 国家 旅行。

Gāo Xiǎomíng: Yídìng qù. Zhù nǐ yílù píng'ān!
高 小明： 一定 去。祝 你 一路 平安！

Kǎmǎlā: Xièxie, zàijiàn!
卡玛拉： 谢谢，再见！

五、活动 Activity

角色扮演：Role-play:

角色：A 和 B 是好朋友，A 明天回国。

Roles: A and B are good friends. A is going back to his/her home country tomorrow.

情景：B 去看 A，询问回国的准备情况，同时向 A 告别。

Scenario: B is visiting A, asking if A has got everything ready, and at the same time saying goodbye to A.

五分钟后轮换，继续同样活动。

Swap roles after five minutes and continue.

六、复习 Review

听力练习 Listening

1. 听第一遍录音，判断对错。

Listen to the recording and decide whether the statements are true or false.

Kǎmǎlā huí guó yǐhòu, búyòng mǎshàng gōngzuò.
(1) 卡玛拉 回 国 以后， 不用 马上 工作。 (　　)

Xiǎomíng juéde Kǎmǎlā huí guó yǐhòu hái xūyào fùxí Hànyǔ.
(2) 小明 觉得 卡玛拉 回 国 以后 还 需要 复习 (to review) 汉语。 (　　)

Xiǎomíng juéde Kǎmǎlā gōngzuò yǐhòu yǒu shíjiān xuéxí.
(3) 小明 觉得 卡玛拉 工作 以后 有 时间 学习。 ( )

Kǎmǎlā yǐjīng bǎ hěn duō shū jìhui guó le.
(4) 卡玛拉 已经 把 很 多 书 寄回 国 了。 ( )

Kǎmǎlā de guójiā yǒu Zhōngwén diànshì.
(5) 卡玛拉 的 国家 有 中文 电视。 ( )

2. 听第二遍录音，选择正确答案。

Listen to the recording again and choose the correct answers.

Kǎmǎlā bǎ shénme fàng zài xíngli li le?
(1) 卡玛拉 把 什么 放 在 行李 里 了？

Zhōngwén diànshì / diànzǐ yóujiàn / Xiǎomíng sòng de shū / zìjǐ mǎi de shū
A. 中文 电视 B. 电子 邮件 C. 小明 送 的 书 D. 自己 买 的 书

Kǎmǎlā wèi shénme yòng de dào Hànyǔ?
(2) 卡玛拉 为 什么 用 得 到 汉语？

píngshí yào fùxí
A. 平时 要 复习

yào kàn Zhōngwén diànshì
B. 要 看 中文 电视

píngshí yào xuéxí
C. 平时 要 学习

yào gēn Zhōngguó de gōngsī liánxì
D. 要 跟 中国 的 公司 联系

Kǎmǎlā wèi shénme huì zài lái Zhōngguó?
(3) 卡玛拉 为 什么 会 再 来 中国？

lái lǚxíng
A. 来 旅行

zài lái liú xué
B. 再 来 留 学

gōngsī ràng tā lái Zhōngguó gōngzuò
C. 公司 让 她 来 中国 工作

lái Zhōngguó de gōngsī gōngzuò
D. 来 中国 的 公司 工作

Xiǎomíng ràng Kǎmǎlā fā yóujiàn gàosu tā shénme?
(4) 小明 让 卡玛拉 发 邮件 告诉 他 什么？

gōngzuò zěnmeyàng
A. 工作 怎么样

xūyào de shū
B. 需要 的 书

gōngsī zěnmeyàng
C. 公司 怎么样

Zhōngwén diànshì zěnmeyàng
D. 中文 电视 怎么样

Huí guó yǐhòu, Kǎmǎlā zhǔnbèi shénme shíhou xuéxí Hànyǔ?
(5) 回 国 以后，卡玛拉 准备 什么 时候 学习 汉语？

zhōumò
A. 周末

yì nián yǐhòu
B. 一 年 以后

gōngzuò de shíhou
C. 工作 的 时候

xīngqīliù hé xīngqītiān
D. 星期六 和 星期天

阅读练习 Reading

上个月卡玛拉给一家英国公司发了（ jiǎn ）历，通过了那家公司的网上面试。那家公司要（ qiú ）卡玛拉马上回国工作。卡玛拉想马上把房子（ tuì ）了，可是来不及办手（ xù ），就把（ hétong ）、押金收据放（ zài ）小明那里，请他办一下。卡玛拉买了后天的飞机票回国。她不想坐出租车去机场，因为去机场的高速公路常常（ dǔ ）车，早上也叫不到出租车。她想坐地铁去机场，但是有两个行李箱，一个人拿不（ liǎo ）。小明准备（ bǎ ）她送到机场。

1. 根据拼音，在短文的括号里填上正确的汉字。

Fill in the blanks in the passage with characters according to the *pinyin*.

2. 根据短文内容连线。

Refer to the passage above and match the persons with their actions.

	názhe hétong, yājīn shōujù 拿着 合同 、押金 收据
Xiǎomíng 小明	bǎ Kǎmǎlā sòngdào jīchǎng 把 卡玛拉 送到 机场
Kǎmǎlā 卡玛拉	ná bù liǎo liǎng gè xínglixiāng 拿 不 了 两 个 行李箱
	láibují tuì fáng 来不及 退 房
	tōng guòle miànshì 通 过了 面试

3. 选词填空。

Choose the right words to complete the sentences.

Tā　wǒ de shǒujī hàomǎ xiěcuò le.　bǎ　ràng　bèi
（1）他（　　）我 的 手机 号码 写错 了。（A. 把　B. 让　C. 被）

Tā de shǒujī　tōu le.　bǎ　ràng　bèi
（2）他 的 手机（　　）偷 了。（A. 把　B. 让　C. 被）

Gōngjiāokǎ fàng zhuōzi shang, nǐ kàn le ma? zài gěi dào
(3) 公交卡 放（ ）桌子 上，你 看（ ）了 吗？(A. 在 B. 给 C. 到)

Chūqu de shíhou, bǎ fángjiān de mén guān . hǎo wán chéng
(4) 出去 的 时候，把 房间 的 门 关（ ）。(A. 好 B. 完 C. 成)

Nǐ bāo li fàngzhe shénme? Ná jiǎnchá yíxià. chūlai chūqu jìnlai
(5) 你 包 里 放着 什么？ 拿（ ）检查 一下。(A. 出来 B. 出去 C. 进来)

Zhè shì wǒ zài jiāli yòng de diànnǎo, jīntiān huí jiā de shíhou, yào dài .
(6) 这 是 我 在 家里 用 的 电脑， 今天 回 家 的 时候， 要 带（ ）。

huíqu guòqu xiàqu
(A. 回去 B. 过去 C. 下去)

Tā fēicháng rèqíng bāngzhùguo wǒ. de de de
(7) 她 非常 热情（ ）帮助过 我。(A. 地 B. 的 C. 得)

Wǒ yùdìng fángjiān bú dài zǎocān. de de de
(8) 我 预订（ ）房间 不 带 早餐。(A. 地 B. 的 C. 得)

Wǒ hěn lěi, kànle diànshì, jiù shuì le.
(9) 我 很 累，看了（ ）电视，就 睡 了。

yíhuìr yìdiǎnr yǒu diǎnr
(A. 一会儿 B. 一点儿 C. 有 点儿)

4. 给括号中的词或短语选择合适的位置。

Put the words/phrases in the right positions.

Zhōumò, gāosù gōnglù chángcháng dǔ chē . hěn cháng shíjiān
(1) 周末，A 高速 公路 B 常常 堵 C 车 D。（很 长 时间）

Tā bǎ xíngli nájìn bīnguǎn le . qù
(2) 他 把 行李 A 拿进 B 宾馆 C 了 D。（去）

Nǐ zài Zhōngguó xuéxí shénme shíhou ? dào
(3) 你 A 在 中国 B 学习 C 什么 时候 D？（到）

Tā měi tiān chīle wǔfàn yǐhòu, huì zài jiā shuì jiào . yíhuìr
(4) 他 每 天 吃了 午饭 以后，会 A 在 家 B 睡 C 觉 D。（一会儿）

wǒ de xìnyòngkǎ mìmǎ bú rènshi de rén kàndào le. bèi
(5) A 我 的 信用卡 密码 B 不 C 认识 的 人 D 看到 了。（被）

tā jīntiān bǎ zhàopiàn dài guolai. méi
(6) A 他 今天 B 把 照片 C 带 D 过来。（没）

Wǒ xiǎng bǎ rénmínbì huàn měiyuán . chéng
(7)我 想 A把 人民币 B 换 C 美元 D。(成)

Zhuōzi shang fàng péngyou sòng de dà dàngāo . zhe
(8)桌子 上 放 A 朋友 B 送 C的大 蛋糕 D。(着)

Kě bù kěyǐ nǐ de zhàopiàn gěi wǒ kàn yíxià? bǎ
(9)可不可以A你的 照片 给B我C看 D一下?(把)

Cóng zhèli zuò gōnggòngqìchē, zuò nǎr xià chē ? dào
(10)从 这里 坐 公共汽车, 坐A哪儿B下C车D?(到)

附 录

生词表

Vocabulary

生词 New word	拼音 *Pinyin*	课号 Lesson
A		
安检	ānjiǎn	8
按照	ànzhào	4
B		
包	bāo	3
包	bāo	7
报纸	bàozhǐ	3
比如	bǐrú	1
毕业	bì yè	2
表（格）	biǎo (gé)	7
宾馆	bīnguǎn	4
病毒	bìngdú	9
不过	búguò	5
C		
猜	cāi	6
餐厅	cāntīng	4
场	chǎng	2
超重	chāo zhòng	10
车	chē	1
称	chēng	10
成	chéng	7
秤	chèng	10
抽烟	chōu yān	6
出发	chūfā	10
存	cún	7
D		
打扮	dǎban	6
打开	dǎ kāi	8
打火机	dǎhuǒjī	8
大概	dàgài	3
带	dài	1
戴	dài	6
单人间	dānrénjiān	4
刀	dāo	8
倒霉	dǎo méi	9
登机牌	dēngjīpái	8
地图	dìtú	4
地址	dìzhǐ	7
电冰箱	diànbīngxiāng	5
电子秤	diànzǐchèng	10
（电子）邮件	(diànzǐ)yóujiàn	2
掉	diào	9
订	dìng	4
堵	dǔ	1
F		
翻译	fānyì	7
房产	fángchǎn	5
房子	fángzi	5
房租	fángzū	5
放	fàng	3
放心	fàng xīn	9
放假	fàng jià	1
飞机	fēijī	1
封	fēng	3

生词 New word	拼音 *Pinyin*	课号 Lesson
G		
改	gǎi	7
感染	gǎnrǎn	9
刚才	gāngcái	5
高速公路	gāosù gōnglù	1
公斤	gōngjīn	3
关	guān	8
光临	guānglín	4
规定	guīdìng	4
H		
航班	hángbān	10
合同	hétong	5
护照	hùzhào	7
花儿	huār	6
还	huán	4
换	huàn	7
回忆	huíyì	10
汇率	huìlǜ	7
J		
机场	jīchǎng	10
寄	jì	3
家具	jiājù	5
家用电器	jiāyòng diànqì	5
假	jià	1
检查	jiǎnchá	3
简历	jiǎnlì	2
节日	jiérì	1
结婚	jié hūn	1
借记卡	jièjìkǎ	7
竞争	jìngzhēng	2
旧	jiù	5

生词 New word	拼音 *Pinyin*	课号 Lesson
K		
开	kāi	1
开车	kāi chē	1
开始	kāishǐ	1
开通	kāitōng	9
开心	kāixīn	6
空调	kōngtiáo	5
快递	kuàidì	3
快递员	kuàidìyuán	3
L		
垃圾箱	lājīxiāng	8
来得及	láidejí	10
离开	lí kāi	10
厉害	lìhai	2
联系	liánxì	10
辆	liàng	1
楼	lóu	3
旅行箱	lǚxíngxiāng	8
M		
满意	mǎnyì	2
美好	měihǎo	10
美景	měijǐng	5
美元	měiyuán	7
密码	mìmǎ	4
免费	miǎn fèi	1
面试	miànshì	2
N		
拿	ná	3
难过	nánguò	10
女士	nǚshì	3
P		
盘	pán	8

生词 New word	拼音 Pinyin	课号 Lesson
旁边	pángbiān	6
陪	péi	5
Q		
签	qiān	5
钱包	qiánbāo	7
巧克力	qiǎokèlì	6
请假	qǐng jià	1
取	qǔ	3
全家福	quánjiāfú	6
券	quàn	4
裙子	qúnzi	6
R		
热情	rèqíng	1
人民币	rénmínbì	7
扔	rēng	8
如果	rúguǒ	2
入住	rùzhù	4
S		
杀毒	shā dú	9
沙发	shāfā	6
删除	shānchú	9
舍不得	shěbude	10
身份证件	shēnfèn zhèngjiàn	8
实习	shíxí	2
室	shì	5
收据	shōujù	4
手续	shǒuxù	7
手续费	shǒuxùfèi	7
水果刀	shuǐguǒdāo	8
死	sǐ	2
死机	sǐ jī	9
送	sòng	10
宿舍	sùshè	1

生词 New word	拼音 Pinyin	课号 Lesson
所以	suǒyǐ	6
T		
它	tā	7
套	tào	5
填（写）	tián(xiě)	7
厅	tīng	5
通过	tōng guò	2
通知	tōngzhī	2
同意	tóngyì	2
偷	tōu	9
退房	tuì fáng	4
退休	tuì xiū	9
脱	tuō	8
托盘	tuōpán	8
U		
U 盘	U pán	9
W		
外衣	wàiyī	8
完	wán	2
文件	wénjiàn	9
X		
希望	xīwàng	2
洗衣机	xǐyījī	5
现金	xiànjīn	4
箱子	xiāngzi	8
笑	xiào	6
小时候	xiǎoshíhou	6
信	xìn	3
信箱	xìnxiāng	3
信用卡	xìnyòngkǎ	7
行李	xíngli	10
修	xiū	3
修改	xiūgǎi	7

生词 New word	拼音 *Pinyin*	课号 Lesson
Y		
押金	yājīn	4
烟	yān	6
延长	yáncháng	4
严重	yánzhòng	9
眼镜	yǎnjìng	6
一会儿	yíhuìr	1
一路平安	yílù píng'ān	10
以上	yǐshàng	5
一模一样	yìmú-yíyàng	6
邮局	yóujú	3
有的	yǒude	1
预订	yùdìng	4
Z		
杂志	zázhì	3
糟糕	zāogāo	7
早餐	zǎocān	4
早就……了	zǎo jiù……le	2
站	zhàn	6
张	zhāng	4
着急	zháo jí	9
重	zhòng	3
重要	zhòngyào	9
住	zhù	4
祝	zhù	2
桌子	zhuōzi	4
仔细	zǐxì	6
总是	zǒngshì	6
租	zū	5

专有名词

专名 Proper noun	拼音 *Pinyin*	课号 Lesson
G		
国庆节	Guóqìng Jié	1
Z		
中秋节	Zhōngqiū Jié	1

录音文本

Listening script

第一课

听力练习 Listening 01-3

nǚ: Shīfu, nín kāile jǐ nián chē le?
女：师傅，您开了几年车了？

nán: Kāile shí nián le.
男：开了十年了。

nǚ: Kāi chūzūchē yǐqián, nín shì zuò shénme gōngzuò de?
女：开出租车以前，您是做什么工作的？

nán: Wǒ zài shāngdiàn gōngzuòguo liǎng nián. Hòulái, wǒ qù xué kāi chē, hái mǎile yí liàng jiù chē.
男：我在商店工作过两年。后来，我去学开车，还买了一辆旧车。

nǚ: Zhè chē hěn xīn a.
女：这车很新啊。

nán: Zhè shì dì-èr liàng le. Dì-yī liàng chē huài le, kāile liù nián zuǒyòu, hòulái wǒ mǎile zhè liàng xīn chē.
男：这是第二辆了。第一辆车坏了，开了六年左右，后来我买了这辆新车。

nǚ: Kāi chūzūchē yídìng hěn xīnkǔ ba?
女：开出租车一定很辛苦吧？

nán: Duì, měi tiān zǎoshang liù diǎn bàn chūlai gōngzuò, xiàwǔ sì diǎn bàn huí jiā, fēicháng xīnkǔ.
男：对，每天早上六点半出来工作，下午四点半回家，非常辛苦。

nǚ: Jīntiān yě yíyàng ba?
女：今天也一样吧？

nán：Duì, jīntiān yǐjīng kāile liù gè xiǎoshí le.
男：对，今天已经开了六个小时了。

nǚ：Hái méi chī wǔfàn ba?
女：还没吃午饭吧？

nán：Shì a, nǐ dàole yǐhòu, wǒ jiù chī fàn, xiūxi yíhuìr.
男：是啊，你到了以后，我就吃饭，休息一会儿。

第二课

听力练习 Listening 02-3

Ōuwén: Hǎilún, Guóqìng Jié kuài dào le, nǐ huí guó ma?
欧文：海伦，国庆节快到了，你回国吗？

Hǎilún: Wǒ zhǔnbèi xià gè xīngqīsān huí guó.
海伦：我准备下个星期三回国。

Ōuwén: Mǎihǎo fēijīpiào le méiyǒu?
欧文：买好飞机票了没有？

Hǎilún: Zǎo jiù mǎihǎo le, mǎi de fēicháng piányi. Wǒ hái mǎile hěn duō lǐwù. Ōuwén, nǐ huí guó ma?
海伦：早就买好了，买得非常便宜。我还买了很多礼物。欧文，你回国吗？

Ōuwén: Shàng gè xīngqī yǒu jǐ jiā gōngsī gěi wǒ fā yóujiàn, ràng wǒ huí guó cānjiā miànshì.
欧文：上个星期有几家公司给我发邮件，让我回国参加面试。

Hǎilún: Nǐ mǎihǎo fēijīpiào le méiyǒu?
海伦：你买好飞机票了没有？

Ōuwén: Wǒ mǎiwǎn le, zuótiān shàng wǎng mǎi fēijīpiào, yǐjīng màiwán le.
欧文：我买晚了，昨天上网买飞机票，已经卖完了。

Hǎilún: Nà zěnme bàn ne? Nǐ děi huí guó cānjiā miànshì a.
海伦：那怎么办呢？你得回国参加面试啊。

Ōuwén: Shì a, jīntiān yǐjīng xīngqīliù le, wǒ hěn dān xīn.
欧文：是啊，今天已经星期六了，我很担心。

Hǎilún: Rúguǒ míngtiān huòzhě hòutiān huí qu, néng mǎidào piào ma?
海伦： 如果 明天 或者 后天 回 去， 能 买到 票 吗？

Ōuwén: Néng, kěshì xià gè xīngqīyī jiù yào miànshì le.
欧文： 能， 可是 下 个 星期一 就 要 面试 了。

Hǎilún: Nà yǒu máfan le.
海伦： 那 有 麻烦 了。

第三课

听力练习 Listening 03-3

Jiàoshì lí Jīn Měijīng de sùshè hěn yuǎn. Jīn Měijīng bú huì qí zìxíngchē, suǒyǐ měi tiān
教室 离 金 美京 的 宿舍 很 远。金 美京 不 会 骑 自行车，所以 每 天
zǒu guoqu. Cóng xīngqīyī kāishǐ, sùshè de diàntī jiù huài le, hěn bù fāngbiàn. Kuàidìyuán yě hěn
走 过去。 从 星期一 开始， 宿舍 的 电梯 就 坏 了，很 不 方便。 快递员 也 很
bù gāoxìng, Jīn Měijīng de sùshè tā měi tiān děi lái sì-wǔ cì, zǒu shangqu, zǒu xialai fēicháng
不 高兴， 金 美京 的 宿舍 他 每 天 得 来 四五 次， 走 上去、 走 下来 非常
lèi. Jīn Měijīngde fángjiān zài liù lóu, tā měi tiān báitiān dōu yào chūqu, zhōngwǔ hái yào huílai
累。金 美京 的 房间 在 六 楼，她 每 天 白天 都 要 出去， 中午 还 要 回来
chī fàn, shànglai xiàqu yě juéde hěn lèi. Jīntiān xīngqīsì, Jīn Měijīng huílai shí diàntī hái méiyǒu
吃 饭， 上来 下去 也 觉得 很 累。 今天 星期四，金 美京 回来 时 电梯 还 没有
xiūhǎo, dànshì, guòle yíhuìr tóngwū huílai shí, gāoxìng de shuō diàntī xiūhǎo le, tā shì zuò
修好，但是，过了 一会儿 同屋 回来 时， 高兴 地 说 电梯 修好 了，她 是 坐
diàntī shànglai de.
电梯 上来 的。

第四课

听力练习 Listening 04-3

Jīn Měijīng de lǎo péngyou 10 yuè 21 hào yào cóng Hánguó lái Zhōngguó, lǚxíng yí gè xīngqī,
金 美京 的 老 朋友 10 月 21 号 要 从 韩国 来 中国， 旅行 一 个 星期，
tā qǐng Jīn Měijīng yùdìng bīnguǎn. Péngyou xǐhuan qí zìxíngchē, Jīn Měijīng de xuéxiào fùjìn yǒu
她 请 金 美京 预订 宾馆。 朋友 喜欢 骑 自行车，金 美京 的 学校 附近 有
yì jiā bīnguǎn, kěyǐ miǎn fèi jiè gěi kèrén zìxíngchē, suǒyǐ Jīn Měijīng hěn zǎo jiù yùdìng hǎole zhè
一 家 宾馆， 可以 免 费 借 给 客人 自行车，所以 金 美京 很 早 就 预订 好了 这
jiā bīnguǎn. Jīntiān wǎnshang péngyou dào le, Jīn Měijīng qù bīnguǎn jiàndàole zhè wèi liù nián
家 宾馆。 今天 晚上 朋友 到 了，金 美京 去 宾馆 见到了 这 位 六 年

méi jiàn de péngyou, wánr dào wǎnshang shí'èr diǎn cái huí jiā. Péngyou dàilaile hěn duō lǐwù,
没 见 的 朋友，玩儿 到 晚上 十二 点 才 回 家。朋友 带来了 很 多 礼物，
Jīn Měijīng zhǔnbèi míngtiān sòng gěi tóngxué yìxiē. Hòutiān shì Zhōngqiū Jié, fàng yì tiān jià,
金 美京 准备 明天 送 给 同学 一些。后天 是 中秋 节，放 一 天 假，
Jīn Měijīng xiǎng dài péngyou hǎohāor wánwanr.
金 美京 想 带 朋友 好好儿 玩玩儿。

第五课

听力练习 Listening

05-3

Jīntiān xīngqītiān, Ōuwén hé péngyoumen chūqu wánr. Chūqu de shíhou tiānqì fēicháng
今天 星期天，欧文 和 朋友们 出去 玩儿。出去 的 时候 天气 非常
hǎo, dànshì tāmen zhǔnbèi huí jiā de shíhou kāishǐ xià dà yǔ, guā dà fēng. Ōuwén mǎshàng
好，但是 他们 准备 回 家 的 时候 开始 下 大 雨，刮 大 风。欧文 马上
jiào chūzūchē, dànshì jiào chūzūchē de rén tài duō, Ōuwén tāmen děngle hěn cháng shíjiān, zhǐ
叫 出租车，但是 叫 出租车 的 人 太 多，欧文 他们 等了 很 长 时间，只
jiàodàole yí liàng chē, kěshì tāmen yǒu wǔ gè rén, zuò bú xià. Ōuwén ràng péngyoumen xiān huí
叫到了 一 辆 车，可是 他们 有 五 个 人，坐 不 下。欧文 让 朋友们 先 回
jiā, zìjǐ yòu děngle hěn cháng shíjiān. Zhè shíhou yǔ xià de gèng dà le, fēng yě guā de gèng dà
家，自己 又 等了 很 长 时间。这 时候 雨 下 得 更 大 了，风 也 刮 得 更 大
le, qìchē dōu kāi bù liǎo le. Ōuwén fēicháng dān xīn, jīntiān huí de qù ma? Tā zhǐ dàile yìbǎi
了，汽车 都 开 不 了 了。欧文 非常 担 心，今天 回 得 去 吗？他 只 带了 一百
kuài qián zuǒyòu, rúguǒ huí bú qù, xiǎng zhù bīnguǎn, yě yídìng zhù bù qǐ Zěnme bàn ne?
块 钱 左右，如果 回 不 去，想 住 宾馆，也 一定 住 不起。怎么 办 呢？

第六课

听力练习 Listening

06-3

Jīntiān shì Ōuwén de shēngrì. Wǒ dàizhe lǐwù qù tā de fángjiān. Jìnqu yí kàn, dàjiā zǎo
今天 是 欧文 的 生日。我 带着 礼物 去 他 的 房间。进去 一 看，大家 早
jiù lái le, yǒude rén zuòzhe, yǒude rén zhànzhe, dōu zài gāoxìng de shuōzhe huà. Zhuōzi shang
就 来 了，有的 人 坐着，有的 人 站着，都 在 高兴 地 说着 话。桌子 上
fàngzhe dàjiā dàilai de lǐwù, hái fàngzhe hěn duō hē de, shuǐguǒ hé yí gè dà dàngāo, dàngāo
放着 大家 带来 的 礼物，还 放着 很 多 喝 的、水果 和 一 个 大 蛋糕，蛋糕
shang yòng Hànyǔ xiězhe "shēngrì kuàilè". Dàngāo shì Hǎilún hé Kǎmǎlā yìqǐ sòng de, Ōuwén
上 用 汉语 写着“生日 快乐”。蛋糕 是 海伦 和 卡玛拉 一起 送 的，欧文

tèbié xǐhuan, tā názhe dàngāo hé wǒmen pāile yì zhāng zhàopiàn. Kǎmǎlā huì yòng Hànyǔ chàng
特别 喜欢，他 拿着 蛋糕 和 我们 拍了 一 张 照片。卡玛拉 会 用 汉语 唱

"zhù nǐ shēngrì kuàilè", tā xiān yòng Zhōngwén chàngle yí biàn, ránhòu dàjiā yìqǐ yòng Yīngwén
"祝 你 生日 快乐"，她 先 用 中文 唱了 一 遍，然后 大家 一起 用 英文

chàngle yí biàn.
唱了 一 遍。

第七课

听力练习 Listening 07-3

Wáng Wénlì: Tiánzhōng, nǐ jīntiān yǒu kòngr ma?
王 文丽：田中，你 今天 有 空儿 吗？

Tiánzhōng: Shénme shì, Wénlì?
田中：什么 事，文丽？

Wáng Wénlì: Wǒ de tóngxué kàndàole yì jiā Rìběn gōngsī de shíxí tōngzhī, shì Rìyǔ de. Tā Rìyǔ bú tài hǎo, xiǎng qǐng nǐ bǎ tā kàn bù dǒng de dìfang fānyì chéng Hànyǔ.
王 文丽：我 的 同学 看到了 一 家 日本 公司 的 实习 通知，是 日语 的。他 日语 不 太 好，想 请 你 把 他 看 不 懂 的 地方 翻译 成 汉语。

Tiánzhōng: Xíng, nǐ bǎ tā gěi wǒ, wǒ kàn yíxià.
田中：行，你 把 它 给 我，我 看 一下。

Wáng Wénlì: Zhè jiù shì. Nǐ juéde nán ma?
王 文丽：这 就 是。你 觉得 难 吗？

Tiánzhōng: Hěn róngyì. Wǒ jīntiān wǎnshang fānyì yíxià. Fānyì hǎole yǐhòu, zěnme gěi nǐ?
田中：很 容易。我 今天 晚上 翻译 一下。翻译 好了 以后，怎么 给 你？

Wáng Wénlì: Yòng diànzǐ yóujiàn bǎ tā fā gěi wǒ, hǎo ma?
王 文丽：用 电子 邮件 把 它 发 给 我，好 吗？

Tiánzhōng: Hǎo de, nǐ bǎ nǐ de diànzǐ yóuxiāng gěi wǒ.
田中：好 的，你 把 你 的 电子 邮箱 给 我。

Wáng Wénlì: Zhè shì wǒ de míngpiàn, shàngmiàn xiězhe wǒ de yóuxiāng.
王 文丽：这 是 我 的 名片，上面 写着 我 的 邮箱。

第八课

听力练习 Listening 08-3

Tóngxuémen hǎo, tīnglì kǎoshì mǎshàng jiù yào kāishǐ le, kǎoshì de shíhou, zhuōzi shang
同学们 好，听力 考试 马上 就 要 开始 了，考试 的 时候，桌子 上
zhǐ kěyǐ fàng shēnfèn zhèngjiàn hé bǐ. Qǐng dàjiā bǎ shēnfèn zhèngjiàn hé bǐ ná chulai, fàng zài
只 可以 放 身份 证件 和 笔。请 大家 把 身份 证件 和 笔 拿 出来，放 在
zhuōzi shang. Qǐng bǎ shǒujī guān le, dōu guān le ma? Zài jiǎnchá yíxià. Qǐng bǎ shǒujī, shū hé
桌子 上。请 把 手机 关 了，都 关 了 吗？再 检查 一下。请 把 手机、书 和
cídiǎn fàngjìn shūbāo li qu, bǎ shūbāo fàng zài zhuōzi xiàmiàn. Dàjiā dōu zhǔnbèi hǎo le ma? Nàge
词典 放进 书包 里 去，把 书包 放 在 桌子 下面。大家 都 准备 好 了 吗？那个
chuānghu zěnme kāizhe? Shì bú shì huài le? Qǐng zuòzài chuānghu pángbiān de tóngxué kàn yíxià,
窗户 怎么 开着？是 不 是 坏 了？请 坐在 窗户 旁边 的 同学 看 一下，
néng bù néng bǎ tā guānhǎo.
能 不 能 把 它 关好。

第九课

听力练习 Listening 09-3

Hǎilún: Ōuwén, nǐ zěnme zǒuzhe lái le? Nǐ de zìxíngchē ne?
海伦： 欧文，你 怎么 走着 来 了？你 的 自行车 呢？

Ōuwén: Qiántiān bèi péngyou jièzǒu le.
欧文： 前天 被 朋友 借走 了。

Hǎilún: Hái méiyǒu huán huilai ma?
海伦： 还 没有 还 回来 吗？

Ōuwén: Dàgài huán bù huílái le. Péngyou jīntiān zǎoshang gàosu wǒ zìxíngchē zuótiān bèi tōu le, zhēn dǎo méi!
欧文： 大概 还 不 回来 了。朋友 今天 早上 告诉 我 自行车 昨天 被 偷 了，真 倒 霉！

Hǎilún: Wǒ jiù yào huí guó le, bǎ wǒ de zìxíngchē sòng gěi nǐ ba.
海伦： 我 就 要 回 国 了，把 我 的 自行车 送 给 你 吧。

Ōuwén: Xièxie nǐ! Hǎilún.
欧文： 谢谢 你！海伦。

Hǎilún: Wǒ míngtiān bǎ chē gěi nǐ.
海伦： 我 明天 把 车 给 你。